WEIN

RECLAMS KULINARISCHE REIHE

W0045063

WEIN

EINE
KLEINE
KULINARISCHE
ANTHOLOGIE

Herausgegeben von
Hans-Jörg Koch

PHILIPP RECLAM JUN. STUTTGART

Mit 20 Abbildungen

Universal-Bibliothek Nr. 18210
Alle Rechte vorbehalten
© 1998 Philipp Reclam jun. GmbH & Co., Stuttgart
Copyrightvermerke für die Texte siehe Seite 151
Umschlaggestaltung: Günter Jacki, Stuttgart
Satz: Lihs GmbH, Medienhaus, Ludwigsburg
Druck und Bindung: Franz Spiegel Buch GmbH, Ulm
Printed in Germany 1998
RECLAM und UNIVERSAL-BIBLIOTHEK sind eingetragene Marken
der Philipp Reclam jun. GmbH & Co., Stuttgart
ISBN 3-15-018210-7

WEIN

I N H A L T

V. DER WEIN UND DIE LIEBE

VI. LOB DES WEINS

VII. BIBLISCHES UND GEISTLICHES

VIII. DIE KUNST DES GENIESSENS

BEGRÜSSUNGSSCHLUCK FÜR LESER

Im Weinberg gilt das Güte-Menge-Gesetz. Es besagt: Je geringer der Traubenertrag pro Hektar oder Rebstock ist, desto höher die Qualität des späteren Weines. Damit nicht die Produkte aus »Massenträgern« (viel, aber einfachen Wein erbringenden Rebsorten) den Markt überschwemmen, ist daher die Ertragsmenge in den Weinländern gesetzlich begrenzt worden.

Und so gilt auch für dieses Büchlein: Nicht die bloße Fülle allzu bekannter Gedanken und Verse über den Wein soll erfreuen, sondern – wie der Flüssigkeit gewordene Geist einer guten Flasche – in zweifachem Sinne Erlesenes, kurioser Art oft, das man nicht im Weinbuch-Supermarkt auf der grünen Wiese vorfindet.

Es ist kein Marketing-Kompaß nach Art der Führer zu den angeblich besten Weingütern, auch keine Anleitung zur Lagerung und Verkostung der Weine. Von alledem gibt es genug, Originäres und weniger Eigenständiges. Vielmehr sind es Kostproben, Raritäten, Anmerkungen zum Wein aus zwei Jahrtausenden. Weise und Genießer (Personalunion ist möglich), Dichter und Denker kommen zu Wort, und es ist die Rede von Maß und Unmaß, von weltlichen und geistlichen Wonnen, von Liebe und Alter, von zünftigen Zechern und trinkfreudigen Frauen beim Wein.

Es ist schwierig, missionarische Abstinenzler von der Wahrheit dessen zu überzeugen, was Volksweisheit seit Urwinzers Noah Zeiten verkündet. Von allen Chancen für eine Bekehrung ist das Gespräch *beim* Wein *über* ihn die beste. Es vereint sensorische mit verbalen Argumenten. »Langzeitversuche« sind bei solcher Therapie zu empfehlen. Denn es gibt Leute, die selbst den Sonnenaufgang erst anerkennen, wenn er auch exakt wissenschaftlich belegt ist. Das so aktuelle Thema »Wein und Gesundheit« macht dies deutlich. Darum sei auch jetzt ein Glas Wein zur Hand.

Dazu rate ich der Atmosphäre wegen, in der man Gedrucktes konsumieren sollte, nicht um eigenen Wein zu verkaufen. Der Urgroßvater und andere danach aus der Familie waren zwar Winzer im rheinhessischen Hügelland. Aber der verbliebene Rebbestand ist statistisch mühelos erfaßbar. In einem Rebstock vor der rohen Backsteinwand des kleinen Hauses mit dem großen Weinkeller erschöpft er sich – schlichte Portugiesertrauben, farbenprächtig im bunten Herbstlaub.

Große Weine sind wie vollendete Kunstwerke. Nur daß das natürliche Element mit allen Finessen die Art bestimmt und menschlicher Eingriff Kosmetik oder Erhaltung bezweckt, mehr nicht. Wenn man dasselbe Resultat mit Holzspänen, in den Tank geschüttet, mit Aromen und Bestrahlung erreichen könnte, wäre es unfaßlich, warum der Winzer sich zwölf Monate lang in einem der risikoreichsten Berufe mühen soll.

Wein ist nicht irgendeines unter den vielen alkoholischen Getränken. Über kein anderes ist seit Beginn der Menschheitsgeschichte so tiefsinnig wie poetisch geschrieben worden. Die wohltätigen Wirkungen mäßig genossenen Weines auf Gemüt und Geselligkeit, auf schöpferisches Schaffen und Charakter, seine kultische und soziologische Bedeutung sind einmalig und viel zu schade für snobistische Mäkelei.

Boden, Rebsorte, Klima und Keller bestimmen das

Colore, Odore, Sapore. Skizze in Stahl von Fritz Kühn

Bukett eines Weines. Den »Wein wie gehabt« kann man beim lieben Gott nicht bestellen (freilich überall den geschmacklich gleichbleibenden Markenwein kaufen). Das »Abenteuer Wein« mag die Vollkasko-Mentalität von Konsumfetischisten nicht befriedigen. Aber Sankt Urban behüte vor dem Ausverkauf der Weingötter (nur weil sie schon ziemlich alt sind) und vor dem Endsieg der Umsatzsteigerer, die des Weines Seele verhökern. Vance

Packard hat ihnen leider den Weg gewiesen. In seinem Buch *Die geheimen Verführer* forderte er, mit dem »Erlesenheitsunfug« Schluß zu machen. Jeder Wein sei gut, egal wie er kredenzt werde. Aber ohne den so belächelten »sentimentalen Touch« und ohne (unverkitschte) Romantik ist Wein leblos.

Freilich wird Weintrinken durch Wissen noch schöner, und bevor Weinlyrik erblühte, wie sie auch diese Sammlung bereichert, waren der Schweiß und die Mühen rodender Legionäre, Mönche und Winzer. Es geht auch bei allem Absatzdenken um die Erhaltung von Existenzen und damit um sehr nüchterne volkswirtschaftlich-betriebliche Fakten. Kultur gedeiht nun mal nicht im ätherisch-freien Raum.

Dennoch ist (Wein-)Kultur nicht ohne Individualität, nicht ohne die Feinheiten der Unterschiede denkbar. Der Zechwein aus der Literflasche ist ideal in fröhlicher Runde, beim Weinfest oder kurz nach Feierabend zur »Umstimmung«. Aber wer Weinfreude total auf die Stufe schlundschlürfender Gemütlichkeit zurückführt, bestiehlt sich selber.

Es ist noch immer eine elementare, aufregende Erlebniswelt, viel eindrucksvoller als Disney-Land und nachhaltiger als manches Kammerkonzert. Man kann jedoch nicht einfach hineinstolpern. Selbst Bacchus hatte einen Lehrmeister, den alten Silen. Und Carl Zuckmayer schrieb noch in den Tagen später Prosa mit jener Ehrfurcht vom Wein, mit der er aufgewachsen war und über die nur erfolgreiche Banausen lästern können: »Das ist das Besondere und Wunderbare an ihm, gemessen an jedem anderen landwirtschaftlichen Erzeugnis, daß er sein eigenes Leben lebt und seiner Lebendigkeit weit über seine stoffliche Substanz hinaus Ausdruck gibt.«

Im Sinne dieser faßbaren Philosophie sei dieses heiter-kuriose Weinbüchlein gelesen. Ein paar Weinflecken schaden seinen Blättern nicht ...

Hans-Jörg Koch

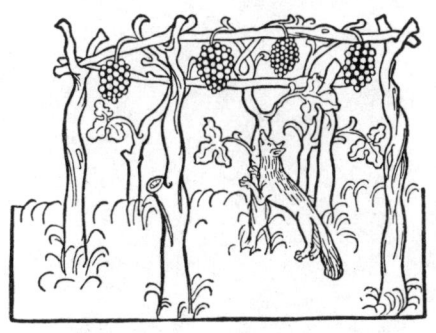

LA PRIÈRE DU VIGNERON

Mon Dieu,
Donne-moi la santé longtemps
De l'amour de temps en temps
Du travail pas trop souvent
Mais du bon vin tout le temps.

I. WAS IST WEIN?

Alles Lebendige, Kunstvolle, Göttliche läßt sich nicht oder nur unzulänglich definieren. Doch wenn man ein Kaleidoskop der Lobpreisungen wie gelehrter Feststellungen nach dem Zufallsprinzip entstehen läßt, dann ergibt dies doch ein Bild, ein vielfältig-buntes, das ahnen läßt, was Wein den Menschen von der Antike bis heute bedeutet.

Wein: das Erzeugnis, das ausschließlich durch vollständige oder teilweise Gärung der frischen, auch eingemaischten Weintrauben oder des Traubenmostes gewonnen wird.

*Anhang I Nr. 10 der Verordnung (EWG) Nr. 822/87
des Rates der EWG über die gemeinsame Markt-
organisation für Wein vom 16. März 1987*

Der Wein kann mit Recht als das gesündeste und hygienischste Getränk bezeichnet werden.

Louis Pasteur (1822–95)

So lang ich leb, lieb ich den Wein,
Dann er vertreibet Furcht und Pein,
Verjagt Melancholey und Schmertzen.

Johann Michael Moscherosch (1601–69)

Die Guten seh'n im Wein nur edle Tugend,
Die Bösen nur Verbrechen, Trug und List.
Wein ist der Spiegel unsres bunten Lebens:
Man sieht im Weine, was man selber ist.

Omar Chajjâm (1048–1131)

Der Wein ist unter den Getränken das nützlichste, unter
den Arzneien die schmackhafteste und unter den Nah-
rungsmitteln das angenehmste.

Plutarch (um 46–120)

Im Wein
Birgt sich viel:
Spiel,
Schwermut und Lust.

Georg Britting (1891–1964)

Der Wein ist ein vortrefflich Ding,
Die Weiber achten's leider zu gering
Und haben's nicht bedacht.
Er stärket den Mut,
Bewegt das Herz in frischer Glut,
Er stärket den Mut,
Bewegt das Herz
Bei Tage und bei Nacht!

Wilhelm Busch (1832–1908)

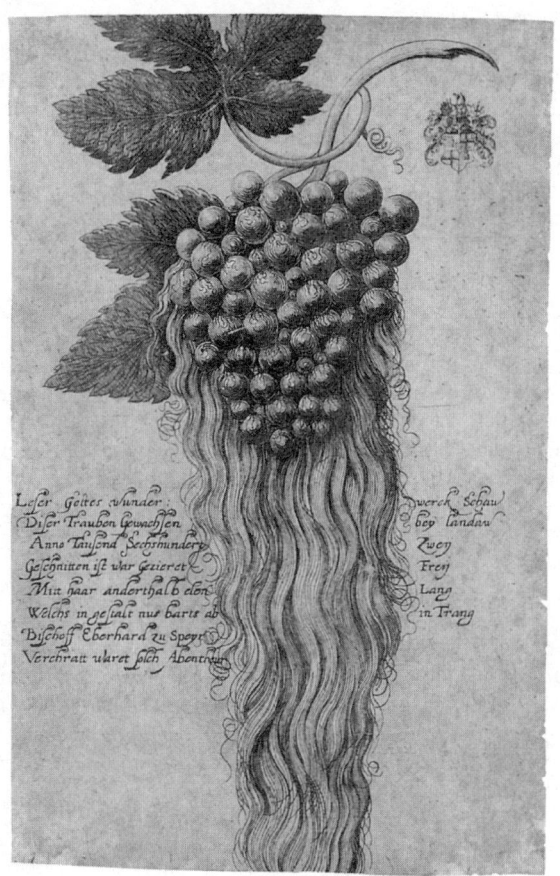

Barttraube. Kupferstich von Johann Hogenberg (?), 1602

Als Mittel der Erquickung, wo die Kräfte des Lebens erschöpft sind, der Befeuerung und Steigerung, wo traurige Tage zu beringen sind, der Korrektion und Ausgleichung, wo Mißverhältnisse in der Ernährung und Störungen im Organismus eingetreten sind, und als Schutz gegen vorübergehende Störungen durch die organische Natur wird der Wein von keinem Erzeugnis der Natur oder Kunst übertroffen.

Justus von Liebig (1803–73)

Der Wein erfreut des Menschen Herz, und die Freudigkeit ist die Mutter aller Tugenden. Wenn Ihr Wein getrunken habt, seid Ihr alles doppelt, was Ihr sein sollt, noch einmal so leicht denkend, noch einmal so unternehmend, noch einmal so schnell ausführend.

Johann Wolfgang Goethe (1749–1832)

Schließlich aber läßt Wein sich, trotz aller Analysenautomaten und Gastromatographen, nicht chemisch oder sonst wissenschaftlich erfassen. Es ist so – wie ein bekannter, trefflicher Vergleich es besagt –, als wolle man seine Geliebte als »Wirbeltier« beschreiben, zutreffend und nichtssagend zugleich.

Der amerikanische Physiker und Nobelpreisträger RICHARD FEYNMAN *hat dies wohl auch so empfunden, wenn er vom Wein sagt:*

Es ist wahr, daß wir bei näherer Betrachtung eines Glases Weins das gesamte Universum sehen. Da sind die Dinge der Physik: die sich drehende Flüssigkeit, welche in Abhängigkeit von Wind und Wetter verdampft, die Reflexionen im Glas, und unsere Phantasie fügt die Atome hinzu. Das Glas ist ein Destillat der Erdgesteine, und in seiner Zusammensetzung sehen wir die Geheimnisse des Alters des Weltalls und die Evolution von Sternen. Welch seltsame Anordnung von Chemikalien befindet sich im Wein? Wie sind sie entstanden? Da gibt es die Fermente, die Enzyme, die Substrate und die Produkte. Im Wein ist die große Verallgemeinerung zu finden: Alles Leben ist Fermentation. Wie lebendig ist der Rotwein, der seine Existenz dem Bewußtsein aufprägt, welches ihn beobachtet!

Wenn unser kleiner Verstand aus irgendeiner Bequemlichkeit dieses Glas Wein, dieses Universum, unterteilt in Physik, Biologie, Geologie, Astronomie, Psychologie usw., dann erinnern wir uns daran, daß die Natur dies nicht kennt.

Also wollen wir wieder alles zusammenfügen und endlich nicht vergessen, wozu es da ist. Lassen wir es uns noch ein Vergnügen bereiten: Trinken wir es und vergessen alles!

II. EIN FRÖHLICH ZECHEN

Man kennt ihn meistens nur als den Dichter des »Deutschlandliedes«, das er im Jahre 1841 auf Helgoland schrieb: AUGUST HEINRICH HOFFMANN VON FALLERS-LEBEN *(1798–1874), Professor der deutschen Sprache und Literatur in Breslau, verdächtigt als zu freiheitlich-liberal gesinnt, entlassen und zuletzt Bibliothekar des Herzogs von Ratibor auf Schloß Corvey. Er verfaßte aber auch gesellig-heitere Lieder und Verse, darunter folgende:*

HERR DURST

Herr Durst ist ein gestrenger Mann,
Der läßt sich gar nicht foppen:
Ob's Wetter gut ist oder schlecht,
Er geht nicht ab von seinem Recht,
Er fordert seinen Schoppen.

Und wer ihm den nicht geben will,
Den quälet er tagtäglich,
Er quält ihn hier, er quält ihn dort,
Er quälet ihn in einem fort
Und quält ihn ganz unsäglich.

Da gilt kein Ansehn der Person,
Nicht Stand noch Würd und Ehren:
Herr Durst, der kehrt bei allen ein,
Bei reich und arm, bei groß und klein,
Und niemand kann's ihm wehren.

Ihn rührt kein Ernst, ihn rührt kein Spaß,
Kein Pfeifen oder Singen.
Ihr könnt ihn nicht durch Spott und Hohn,
Ihr könnt ihn nicht durch Schmähn und Drohn
Von seiner Fordrung bringen.

Drum macht's wie ich: ich bin bereit,
Sein Schöpplein ihm zu zollen.
Und läßt er mich *dann* nicht in Ruh,
Trink ich ihm noch ein zweites zu,
Dann hört er auf zu schmollen.

HEINRICH HOFFMANN *(1809– 94) ist weniger durch seinen Beruf bekannt (er war leitender Arzt an der städtischen psychiatrischen Klinik in Frankfurt) als durch seine selbst illustrierten Kinderbücher, vor allem den weltweit übersetzten »Struwwelpeter«. Daneben schrieb er aber auch humorvolle Poesie:*

EIN UNTERSCHIED

Die Flaschen sind gesetzte Leut',
    Wie jeder sein es soll.
Sie stehen da in Festigkeit
    Und dennoch sind sie voll.

Die Zecher sind gesetzte Leut',
    Die sitzen d'rum herum;
Die sitzen nüchtern, leer und breit,
    Da fällt kein einz'ger um.

Jetzt aber sind die Flaschen leer.
   Wie sieht das anders aus!
Die Flaschen rollen hin und her,
   Und nichts mehr läuft heraus.

Und voll sind auch die Zecher jetzt.
   Gestrichen voll von Wein.
Die fallen untern Tisch zuletzt;
   Es geht nichts mehr hinein.

Die Flasche voll, doch steht sie grad',
   Der volle Zecher fällt!
S' ist unerklärlich in der Tat:
   Wie komisch ist die Welt!

»Wer niemals einen Rausch gehabt, der ist kein braver Mann.« Sicher eine leicht übertriebene Behauptung, aber früher oft zu hören und sicher auch nicht allzu missionarisch zu verstehen, sondern nur in dem Sinne: bei aller Mäßigkeit schadet es weder Gesundheit noch Geist, wenn einmal fröhlich gezecht wird. JOACHIM PERINET (1763–1816) hat dies auch so gemeint.

Wer niemals einen Rausch hat g'habt,
   Das ist ein schlechter Mann;
Wer seinen Durst mit Seiteln labt,
   Fang lieber gar nicht an.
      Da dreht sich alles um und um,
      In unserm Capitolium.

Doch gar viel trinken ist nicht gut:
  Ein Spitzel ist just recht.
Da steht, Hollah the the! der Hut!
  Ist's Weinl nur auch echt.
    Sauft unser einer zu viel doch,
    So findet er gar nicht 's Schlüsselloch.

Ich sag halt allweil modice,
  Ich steh noch allweil grad:
Doch liegt man auf dem Podice
  So ist's halt schon zu spat.
    Da ist ein Weinel wie ein Rack –
    Hübsch grad, hübsch grad, und nicht Sicksack.

Das pralle Leben in trockenen Definitionen einzufangen, ist eine Art wissenschaftlicher Sport. Und der gesittete Bildungsbürger hatte zumindest im 19. Jahrhundert Anspruch darauf, über Vorgänge und Zustände, die ihm bei gehörigem, standesgemäßem Lebenswandel fremd blieben, akademisch-korrekt aufgeklärt zu werden. So befleißigte sich denn Brockhaus' »Allgemeine deutsche Real-Encyklopädie für die gebildeten Stände« des Erscheinungsjahres 1830, auch weitverbreitete Erfahrungen über die graduelle Steigerung der Wirkungen des Weingenusses zu vermitteln, Mittel zur Verhütung zu empfehlen und die unterschiedlichen Temperaturen gebührend zu bedenken. Also heißt es da:

Holzschnitt von Eugène Noack

WEINGENUSS UND TEMPERAMENTE

Trunkenheit, der Zustand, in welchen der Mensch nach dem verhältnismäßig zu starken Genusse weingeisthaltiger Getränke verfällt. Sie tritt allmählich ein, und kann in verschiedenen Graden stattfinden. Im ersten Grade ist der Mensch, was man weinwarm nennt. Der Umlauf des Blutes ist zwar um etwas lebhafter, so daß die Erzeugung

24

der Wärme wie überhaupt beinahe jede Funktion freier und leichter vonstatten geht, doch noch nicht bis zum Übermaß, so daß sie noch nicht Anhäufung in den Lungen oder im Gehirn erregt. In diesem Grade sind einige Seelenvermögen freier, die Tätigkeit einiger erscheint erhöht, das Bewußtsein ist noch nicht angegriffen. Die Phantasie, das Vermögen der Bildersprache, das Gefühl der eignen Kraft, der Mut des Menschen zeigen sich verstärkt. In dem zweiten Grade ist die Einwirkung auf das Gehirn stärker. Die Temperamentsstimmung des Gemüts wird bedeutend erhöht, die Fehler des Temperaments, welche der nüchterne, besonnene Mensch zu beherrschen und zu verbergen weiß, offenbaren sich deutlich, die Tür zu den verborgensten Geheimnissen ist eröffnet, die unüberlegten Reden strömen zu dem beredten Munde heraus, und schon fängt der Mensch an, die Forderungen des Wohlstandes und der Schicklichkeit außer Acht zu lassen. Im dritten Grade steigt dies alles noch höher, das Bewußtsein wird noch mehr vermindert, das Gleichgewicht des Körpers geht verloren, indem ein Zustand von Schwindel in dem Gehirn erzeugt wird. Von diesem geht es dann schnell in den vierten Grad über, in welchem die Seele gänzlich von dem Tumulte der aufgeregten physischen Kräfte überwältigt wird; alles Bewußtsein geht verloren, die Sprache verwandelt sich in ein unverständliches Lallen, der Mensch besinnt sich nicht mehr darauf, wo er ist; das Gesicht ist glühend rot, die Augen sind vorgetreten, der Schweiß läuft ihm über den Körper, er verfällt in einen tiefen, dem Schlagfluß ähnlichen, betäubenden Schlaf, in welchem er auch sterben kann, wenn nicht die Naturkräfte auf schon oben erwähnte Art sich helfen.

Illustration von Carl Zander

Die Trunkenheit zu verhüten, hat man sonst verschiedene Mittel empfohlen, z. B. einige Löffel voll Mandelöl vor dem Trinken zu nehmen, Mandeln, besonders bittere, zu kauen und zu genießen, im Anfange nicht zu schnell hintereinander, sondern nur allmählich und in kleinen Maßen, auch nicht bei nüchternem und leerem Magen zu trinken, mit den Getränken nicht zu wechseln. Alle diese Mittel können bei mäßigen Trinkern die höhern Grade der Trunkenheit verhüten; indessen vermögen auch sie nichts gegen einen zu großen Schwall von erhitzenden Getränken.

Der Cholerische kann am wenigsten vertragen, er wird bald vom Weine überwältigt, fängt in der Trunkenheit Zank und Streit an und kommt schnell zu den höhern Graden derselben. Der Sanguiniker kann ebenso wenig lange widerstehen. Er wird leicht Phantast, verliebt, und dient den andern zum Gespötte. Der Phlegmatiker kann mehr vertragen, er wird etwas munterer, fröhlich, vergißt aber doch auch endlich seine Würde, gibt sich in der Trunkenheit zu sehr preis, und kommt, wie man sagt, aus dem Häuschen. Der Melancholiker widersteht am längsten. Er wird bloß etwas empfindsam, leichter gerührt, selten geht es bei ihm bis zu lauter Fröhlichkeit über. Er versteht noch am meisten die Kunst, sich zu beherrschen und zu rechter Zeit aufzuhören.

III. TUGENDEN DES WEINS

Wein und Narrheit sind verschwistert wie Wein und Erlösung, Wein und Erhöhung. In seinem »Lob der Torheit« hat ERASMUS VON ROTTERDAM *(1469–1536), der bedeutende Humanist, Kultur- und Kirchenkritiker, von diesem Zusammenklang zustimmend berichtet:*

WEIN UND NARRHEIT

Ich habe die Quelle der ersten und vornehmsten Freuden des Lebens aufgedeckt. Ja, es fehlt an einigen nicht, die man eben so weibisch nicht nennen kann; es sind alte, durstige Brüder, welche die höchste Wollust beim Weine finden. Ob sichs eine gute Mahlzeit tun lasse, wo Weiber davon ausgeschlossen sind, ist eine Frage, deren Entscheidung ich andern überlasse. Gewiß ist dieses: Jedem Ort fehlt es am Gewürze, an Munterkeit, wo man der Narrheit den Eingang versperrt hat; wenn keiner der Gesellschafter ein wirklicher Narr ist, oder sich als einen Narren zu bezeigen das Geschick hat, so läßt man einen mit Geld gedungenen Lustigmacher kommen, oder einen lächerlichen Schmarotzer, um durch seine lustigen, das ist, närrischen Schwänke das düstere Schweigen, oder die Traurigkeit, von der Tafel zu verbannen; denn, wozu würd' es dienen, mit so vielen Niedlichkeiten und Leckerbissen den Bauch zu beladen, wenn man nicht Augen, Ohren und das ganze Gemüt bei Lachen, Scherzen und artigen Einfällen gastierte?

*»Der Dichter beim Pokale« – vielfältiges Thema mit prak-
tischer Erfahrung der Poeten. In den Liedern und
Sprüchen des* OMAR CHAJJÂM *heißt es unter diesem Titel
(übertragen von Friedrich Bodenstedt):*

> Ich trinke nicht Wein, um zu trinken bloß,
> Nicht zu schwelgen sitten- und glaubenslos;
> Ich trinke, um höher mich zu beleben,
> Mich aus mir und über mich zu erheben.

*Wein formt den Menschen, der Zwiesprache mit ihm zu
halten versteht, dem er Teil des alltäglichen Lebens wie
der Feste ist, nicht nur Nahrung, sondern Labsal der
Seele. Zu Recht schreibt* THOMAS MANN *(1875–1955):*

WEIN UND GESITTUNG

Man kann nicht Laster nennen, was Format hat. Das Laster hat niemals Format. Die Raffinements haben keines.
Aber dem menschlichen Trachten nach Gefühl ist ja von
Urzeiten her ein Hilfsmittel, ein Rausch- und Begeiste-
rungsmittel an die Hand gegeben, das selbst zu den klassischen Lebensgaben gehört und den Charakter des Einfachen und Heiligen, also nicht des Lasterhaften trägt,
ein Hilfsmittel von Format, wenn ich so sagen darf, der
Wein also, ein göttliches Geschenk an die Menschen,
wie schon die alten humanistischen Völker behaupteten,
die philanthropische Erfindung eines Gottes, mit der

sogar die Zivilisation zusammenhängt, erlauben Sie mir den Hinweis. Denn wir hören ja, daß dank der Kunst, den Wein zu pflanzen und zu keltern, die Menschen aus dem Stande der Roheit traten und Gesittung erlangten, und noch heute gelten die Völker, bei denen Wein wächst, für gesitteter, oder halten sich dafür, als die weinlosen, die Kimerer, was sicher bemerkenswert ist. Denn es will sagen, daß Gesittung gar nicht Sache des Verstandes und wohlartikulierter Nüchternheit ist, sondern vielmehr mit der Begeisterung zu tun hat, dem Rausch und dem gelabten Gefühl.

Ein ähnliches Verhältnis zum Wein bezeugt PAUL CLAUDEL *(1868–1955) in einer Betrachtung, die darin mündet, daß er Gemeinschaft und Verständnis füreinander bewirke. Wein, maßvoll genossen, erzieht zur Toleranz, fördert das gute Gespräch und die Sympathie füreinander.*

WEIN UND TOLERANZ

Der Wein ist nicht unser Feind, er ist vielmehr ein Ratgeber, der sich in uns des Kredites seiner langjährigen Wohltaten erfreuen will. Ich denke dabei nicht so sehr an seine physiologischen Segnungen, denn zum größten Schrecken seiner Verleumder haben die Forschungen unserer Ärzte sie schon seit langem ans Licht gebracht. Ich möchte auf etwas anderes aufmerksam machen. Mein Freund Paul Valéry bedauerte einmal, daß das schöne Wort »Tugend« aus unserem Wortschatz gestrichen sei. Gern hätte ich diesen großen Dichter einmal zu einem Bankett geladen. Dort wäre ihm die Überzeugung gekommen, daß, wenn auch die Tugend von der Erde verschwunden ist, sie sich doch auf dem Grunde der Flaschen wiederfindet. Das tiefsinnige Wort Tugend erweckt zugleich den Gedanken an geistiges Feuer, an Tapferkeit und männliche Kraft sowie an Ehre, Reinheit, Rechtschaffenheit und auch Wahrheit. Der Wein ist der Sohn von Erde und Sonne, aber auch die Arbeit eines Geburtshelfers weiß er zu vollbringen: gleich großen Gedanken und Werken quillt er aus der Kelterpresse hervor und haßt es, sogleich von einem gierigen und gedankenlosen Bauch verschlungen zu werden. Er bedarf der Mitwirkung von Kunst und Geduld, von Zeit und Achtsamkeit. Er bedarf einer langen Reifezeit im Dunkeln, um zu jenem Kunstwerk des Geschmacks zu werden, welches Gehirn und Gaumen gleichermaßen entzückt.

Der Wein – und ich spreche genausogut von jenem unpersönlichen und alltäglichen Getränk, das den ehrenhaften Durst eines Arbeiters stillt, wie von jenen klassischen Gewächsen, deren federbuschverzierte Heraldik das Wappenbuch unserer schönsten Provinzen ehrt –, der Wein hat eine dreifache Mission: er ist das Vehikel einer dreifachen Vereinigung. Zunächst ist da die Verschmelzung mit der mütterlichen Erde, in die er seine Wurzeln gräbt und aus der er zugleich Seele und Körper empfängt. Dann die Vereinigung mit uns selbst: ganz sacht erwärmt, erweitert und entfaltet der Wein unsere Persönlichkeit; er belebt unsere Erinnerung, regt unsere Phantasie an, und mit den rosigen Fingern einer homerschen Morgenröte ermutigt er unsere Aussichten für die Zukunft.

Der Wein ist der Lehrmeister des guten Geschmacks, und da er uns zu innerer Aufmerksamkeit erzieht, ist er auch der Befreier des Geistes und der Erleuchter des Verstandes. Und schließlich ist der Wein Symbol und Mittel einer sozialen Verbrüderung: zwischen den Gästen wird der Tisch zu einer Plattform der Gemeinschaft, und der Becher, der die Runde macht, erfüllt uns mit Nachsicht, Verständnis und Sympathie für unsere Nachbarn.

LUCIUS ANNAEUS SENECA *war ein römischer Philosoph und Dichter. Er wurde im Jahr 4 v. Chr. in Córdoba in Spanien geboren. In jungen Jahren kam er nach Rom, wurde Erzieher Neros und hatte großen Einfluß auf dessen Regierungstätigkeit. Später fiel er in Ungnade und nahm sich deshalb 65 n. Chr. in Rom das Leben. In seiner Schrift »Über die Ausgeglichenheit der Seele« schreibt er an seinen Freund Serenus, daß man seinem Geist ab und zu Ruhe gönnen müsse, damit er daraus Nahrung und Kraft gewinne:*

VON DER AUSGEGLICHENHEIT DER SEELE

Gelegentlich werden ein Ausritt, eine Reise und ein Aufenthalt in einer anderen Gegend neue Kraft geben, geselliges Zusammensein und ein recht ungezwungener Umtrunk. Manchmal soll man's auch fast bis zu einem Rausch kommen lassen, aber nicht so, daß er uns ertränke, sondern nur eintauche. Der Wein spült ja Sorgen

Lukas Cranach (?): Madonna in der Weinlaube, um 1525

fort, und er lockert den Geist gründlich auf: wie manche Krankheiten, heilt er den Trübsinn, und so ist der »Befreiende« (Liber) nicht wegen der Zügellosigkeit der Zunge der Erfinder des Weines genannt worden, sondern weil er den Geist befreit von der Knechtschaft der Sorgen, vor Unfreiheit schützt, Lebenskraft gibt und größeren Mut zu allen Unternehmungen verleiht. Aber wie bei der Freiheit so ist beim Wein das rechte Maß gesund. Solon und Arkesilaos haben sich, so glaubt man, dem Wein ergeben. Einem Cato warf man Trunksucht vor. Leichter wird man den Vorwurf in Ehren setzen als Cato in Schande. Aber man soll es auch nicht oft so halten, auf daß nicht der Geist eine üble Gewohnheit sich zulege, und doch gelegentlich ausgelassener, ungezwungener Fröhlichkeit ihren Lauf lassen und ein paar Augenblicke verdrießlicher Nüchternheit die Tür weisen. Denn ob wir nun einem griechischen Dichter glauben, »dann und wann sei es auch willkommen, den Kopf zu verlieren«, oder Platon, »vergeblich klopft an die Tore der Dichtkunst, wer in sich ruhe«, oder Aristoteles: »Kein großes Genie gab es ohne einen Anflug von Wahn.« Nur der Schwung des Genies kann etwas Großes, die anderen Übersteigendes äußern. Wenn er Alltägliches und Gewöhnliches gering geachtet und in heiliger Begeisterung sich höher erhoben hat, dann erst kündet er Größeres als eines Sterblichen Mund. Nichts Erhabenes, dem Gewöhnlichen Entrücktes kann ihm glücken, solange er in seinen Schranken verbleibt. Lossagen soll er sich von Alltäglichem, sich emportragen lassen, seine Zügel durchbeißen, seinen Reiter emporreißen und dahin tragen, wohin aufzusteigen er sich selber nicht zugetraut hatte.

Da hast du, liebster Serenus, was Ausgeglichenheit zu wahren, was sie wiederherzustellen vermag, was den sich einschleichenden Charakterfehlern widersteht. Das aber sollst du wissen, daß nichts von alledem stark genug ist, einen schwächlichen Zustand zu erhalten, außer wenn angestrengtes und unablässiges Sorgen einen unsicheren Geist umhegt.

Schließlich gilt auch, was JEAN-JACQUES ROUSSEAU *(1712–78) feststellte, der gewiß nicht zu den »Weinpoeten« zu zählen ist:*

Der Wein macht den Menschen närrisch, aber nicht schlecht. Er ruft gelegentlich vorübergehende Streitereien hervor, vermag jedoch hundert dauernde Freundschaften zu gründen. Zumeist sind die Trinker herzlich, offen, gutmütig, aufrichtig, gerecht, zuverlässig und edelsinnig, unbeschadet der Fehler. Könnte man ein Gleiches von den übrigen Lastern sagen?

IV. VON MASS UND UNMASS

ALLERLEI POETISCHES WIDER DIE VÖLLEREI

Weinkultur setzt verständigen, maßvollen Umgang mit der »Gottesgabe Wein« voraus. »Wer Wein mit Andacht trinkt, betet; wer ihn säuft, sündigt!« Ein Kolossalgemälde der Unmäßigkeit zeichnen indessen die endlos vielen Publikationen des 16. und 17. Jahrhunderts, die gegen dieses Laster wetterten: Prediger, Gelehrte, Sittenapostel zogen dagegen zu Felde, berühmte Autoren befaßten sich mit dem Thema: Hans Sachs (»Dreyerley schäden der Trunckenheit wider das Zutrincken«, Nürnberg o. J.), Sebastian Franck (»von dem grewlichen laster der trunckenheit«, 1528) wie auch MARTIN LUTHER (in seiner Auslegung des 101. Psalms von 1534), welcher bündig feststellt:

Es mus aber ein jeglich land seinen eigen Teufel haben, Welschland seinen, Franckreich seinen. Unser Deudscher Teufel wird ein guter weinschlauch sein und mus Sauff heissen, das er so dürstig und hellig ist, der mit so grossem sauffen weins und biers nicht kan gekület werden. Und wird solcher ewiger durst und Deudschlands plage bleiben (hab ich sorge), bis an den Jüngsten tag.

SEBASTIAN BRANT *befaßt sich im 16. Kapitel seines berühmten »Narrenschiffs« (1494) mit der Völlerei und der Prasserei:*

Der Weinnarr. Kupferstich von Lucas van Leyden, 1523

WEIN

Ein schädlich Ding ists um den Wein,
Bei dem kann niemand weise sein,
Wer darin Freud und Lust nachtrachtet.
Ein trunkner Mensch niemandes achtet
Und weiß nicht Maß noch recht Bescheid.
Unkeuschheit kommt aus Trunkenheit,
Viel Übles auch daraus entspringt:
Ein Weiser ist, wer *mäßig* trinkt.

Der Minnesänger WALTHER VON DER VOGELWEIDE
(etwa 1170–1230) bekundete:

Ich tränke gern, wo man mit Maße schenket
Und des Übermaßes nimmermehr gedenket!

*Immer wieder dargestellt wird die »Stufenleiter des
Rausches« und damit zur Mäßigkeit aufgefordert. So bei
dem Elsässer* JOHANNES PAULI *(1455–1530) in seinem
Traktat »Schimpff und Ernst« (Straßburg 1522):*

Der erst Becher vol, den man trinck, der gehoert zuo
dem Durst. Der ander zuo Froeden, der drit zuo dem
Gelust, der fierd zuo der Trunckenheit, der fuenfft zuo
Zorn, der sechst zuo Zancken und Kriegen, der sibent
zuo Grimikeit, der acht zuo dem Schlaff, der nuend zuo
dem Siechtagen.

Ähnlich liest es sich bei dem griechischen Komiker
EUBULOS *(4. Jahrhundert v. Chr.):*

> Der erste bewirke Gesundheit
> der zweite Lust und Liebe
> der dritte Schlaf
> der vierte Ausgelassenheit
> der fünfte Geschrei
> der sechste Neckerei
> der siebente Schlägerei
> der achte Zeugenaufrufe
> der neunte Zorn
> der zehnte Raserei.

– wobei er hinzufügt, nur die ersten drei Krüge seien für
verständige Leute, die dann nach Hause gingen.

Unter den vielen Schriften, die zur Mäßigkeit mahnten
und wider das übermäßige Trinken wetterten, ist besonders bemerkenswert die »Geschichte der deutschen
National-Neigung zum Trunke«. Geschrieben hat sie
JOHANN WILHELM PETERSEN, erschienen ist sie im
Jahre 1782 in Leipzig. Petersen war der Sohn eines
Pfarrers, Jugendfreund Schillers, Jurist und Bibliothekar,
später auch Professor für Diplomatik (Urkundenlehre)
und Heraldik (Wappenkunde). Man sagt von ihm, er
sei »als Mensch sehr beliebt und als Gelehrter hoch angesehen« gewesen (Arno Kappler) und durchaus dem
Weine zugeneigt. Seiner mit wissenschaftlicher Akribie

verfaßten Untersuchung über Entstehung, Auswirkungen und Bekämpfung der »Trunkliebe« ist die nachfolgende Beschreibung eines »Ordens der Mäßigkeit« entnommen.

DER HESSISCHE ORDEN DER MÄSSIGKEIT

Erst, nachdem die Trinksucht wieder eine Weile zügellos gewütet, steht eine neue edelgesinnte Gesellschaft auf. Dies ist der *Hessische Orden der Mäßigkeit,* welchen Landgraf Moritz, ein wackerer gelehrter Fürst, im J. 1600 errichtete. Die Mitglieder, welche sich zu Heidelberg unterschrieben, waren außer dem Stifter: 1. Johann Georg, Markgraf zu Brandenburg, 2. Ludwig zu Hessen, 3. Friedrich Heinrich von Nassau. 4. Emich, Graf zu Leiningen, 5. Friedrich Magnus, Graf zu Erpach, 6. Otto, Graf zu Solms der Junge, 7. Philipp, Graf zu Solms, 8. Ludwig, Graf zu Erpach, 9. Johann, Wild- und Rhein-Graf, 10. Wilhelm, Freiherr, zu Winnenberg, 11. Abraham Burggraff, Herr von Dhonau.

Von den Vorschriften, welche in 14 Artikel gefaßt sind, merke man folgende:

1. Geschah die Verbindung, sich *alles Vollsaufens* zu enthalten, nur auf zwei Jahre. Vermutlich aus Gefühl des zweifelhaften Vermögens, ein so schweres Gelübde zu erfüllen.
2. Täglich sollte keiner mehr als 14 Ordensbecher voll Wein austrinken. Es ist schade, daß man keinen solchen Ordensbecher ausgefunden hat, um das Maß desselben näher bestimmen zu können.

Bei der Weinlese. Niederländischer Wandteppich,
Anfang 16. Jahrhundert

3. 4. und 5. wurde geboten, daß täglich nur zwei Mahl-
zeiten getan, und die Becher, welche etwa zur *Suppen* (d. i. zum Frühstück) oder zum Schlaftrunk, oder
sonst zwischen der Zeit getrunken würden, an den
täglich erlaubten 14 Bechern abgezogen werden
sollten.

6. Zu Löschung des weitern Durstes ward Bier, sauer
und anderes Wasser, auch Julep, erlaubt. Hingegen

7. verboten, die Ordensbecher mit gebrannten, wel-
schen, spanischen oder andern starken gewürzten
Weinen (Hamburger Bier und Breihan mit einge-
rechnet) auszutrinken.

8. Doch sei ein einziger erlaubt, welcher aber an den
übrigen abgezogen werden müsse.

9. und 10. wird untersagt, die 7 Ordensbecher auf einen oder zwei Trünke zu leeren, oder gar alle 14 bei
dem Mittag- oder Abendessen zugleich zu verschlin-
gen; sondern man soll wenigstens drei Trünke davon
tun.

11. 12. und 13. Jeder Ordensverwandte muß seine eigene, oder seiner Gesellen in Erfahrung gebrachte
Übertretungen, bei seinem Gewissen anzeigen, wo-
rauf denn der Stifter durch drei unschuldige Ordens-
Mitglieder untersuchen lassen wird, ob der Übertre-
ter mit der *grösten, mittlern,* oder *geringern* Strafe
zu belegen sei. Die erste machte auf 1 Jahr unfähig,
irgendeinem Ritterspiele beizuwohnen; die zweite
untersagte den Genuß alles Weins bis zum Ausgang
der zwei Verbindungs-Jahre; und nach der letzten
mußte der Verbrecher zwei seiner besten Rosse oder
300 Taler geben. Diesen Strafen unterwarf sich der
Patron, Kurfürst Friedrich der V. und der Stifter des
Ordens, selbst.

14. Den Ordensverwandten wird untersagt, auch andere Personen zum Trinken zu nötigen, und will ein Mitglied über die Gebühr Bescheid zu tun gezwungen werden, so sind seine Ordensbrüder verbunden, es zu verteidigen.

Am Beschluß wird verordnet, daß wenn andere Rittermäßige Personen Lust hätten, in die Gesellschaft zu treten, sie sich bei den Herrn Patronen und Stiftern melden sollten. Jeder neuaufgenommene Ordensverwandte mußte auch innerhalb Monatsfrist sich einen gleichmäßigen Ordensbecher auf eigene Kosten machen lassen, und solchen nebst dem Ordenszeichen in so guter Verwahrung halten, daß er auf Erfordern beede jedesmal innerhalb 24 Stunden vorzeigen könne, widrigenfalls er in eine von den drei Obmännern zu bestimmende willkürliche Strafe verfiel.

Auch dieser Orden ging, ohne etwas Fruchtbares gewirkt zu haben, bald wieder ein.

Weinkenner wissen um das rechte Maß. Nicht ohne Übung und Talent erfährt man sein ganz individuelles Quantum, das ohne besonderen Anlaß nicht überschritten werden sollte. Feinsinnig und nahezu weinmedizinisch hat WILHELM HAUFF *(1802–27), den viele nur als Märchenerzähler kennen mögen, dies in den »Phantasien im Bremer Ratskeller« zu bedenken gegeben.*

DAS VIERTE GLAS

Doch ich trinke das vierte Glas, Seele. Das vierte! Fühlst
du nicht einen gewissen Nexus zwischen dem Wein und
der Zunge? zwischen der Zunge und dem Gaumen? Hier,
behaupte ich, ist ein Scheideweg und daran ein Wegezeiger aufgestellt. Nämlich auf der einen Seite steht: *Weg
nach dem Magen.* Eine breite fahrbare Straße; es geht so
schnell, so glitschend bergab! daher auch der gemeinere
Stoff gewöhnlich diesen Weg nimmt. Der andere Arm
des Zeigers heißt: *In den Kopf.* Dahin ziehen die Geister,
die sich schon im Faß lange genug bei dem schnöden
gemeineren Stoff gelangweilt haben, und jetzt, da sie
freien Lauf nehmen können, schielen sie nach dem
Wegezeiger rechts hinauf. Während die Masse links hin-
abströmt, steigen sie aufwärts und finden sich im Wirts-
haus zur Zirbeldrüse wieder zusammen. Es sind fried-
liche, verständige Leute, diese Geister. Sie erhellen dein
Haus, o Seele, so lang ihrer vier oder fünf beisammen
sind, nachher möchte ich wohl für nichts stehen, denn
sie raufen sich dann und treiben allerhand Unfug im
Gehirn.

*Kurios ist das Scherzzeugnis für einen Trinker, das sich
auf einem Einblattdruck des 18. Jahrhunderts findet:*

Des Herrn Generals und Gouverneurs von Bachi,
Erz-General-Saufmeister zu Weinheim, Erbherr zu
Brandeweinsburg, Freyherrn der langen Pfeiffen:
und Virginischen Tobacks, Erzverschlucker zu
Stadt und Land, Secretair zu Bratwurst-
hausen, Heringsreicher, Rittmeister
aufm Bret-Spiel, Baron
zu Wörfel- und
Chartenburg,
etc.

Ich. Hanns Immerdurstig von Schwelghausen

Tue kund, füge hiermit jedermänniglich zu wissen, daß
Vorzeiger dieses der edle und tapffere Held, und zwar
von des Capitain von Sauffaus Compagnie, Namens Peter Nimmernüchtern, gebürtig aus Brandweinhausen,
und fauler Statur, bey der Gesellschaft der durstigen Brüderschaft, als ein tapferer Sauffaus 12 Jahre in einem
Winter, 24 Monath in einem Sommer, 25 Stunden in einem Tage, 160 Minuten in einer Stunde sich tapfer ver-
halten und aufgeführet, bey allen schweren Krügen,
vollen Gläsern, gepichten Kannen, als daß ich und die
ganze Brüderschaft mit ihm gar wohl zufrieden gewesen, und ihm in unsern Diensten gerne länger hätten behalten mögen. Dieweil aber sein Beutel in eine unheil-
bare Krankheit der Schwindsucht und Magen-Fiebers
verfallen, welches nicht leichte wieder kan curiret werden, er auch wegen allzuzeitigen Absterbens des Credits
seine Dienste nicht vollkommen mehr verrichten kan: So
hat er bey mir geziemende Ansuchung gethan, ander-
wärts einen Bär anzubinden, welches ihme den auch

nicht abschlagen können, sondern vielmehr damit gratificiren wollen. Als ergehet an alle respect dieser Brüderschaft sowohl als sonsten zugethane Geschellschafter mein dienstfreundlich Ersuchen, obbemelten Peter Nimmernüchtern, bey Wein, Bier und Brandewein allen geneigten Willen und Forderung zu erweisen, auch in allen Wirthshäusern, Gasthöfen und bey allen Gelacken, bey einer guten und wohleingerichteten Mahlzeit, frey, sicher und ungehindert paß- und repaßiren zu lassen, und wenn er im Mist, Phühl oder Reinstein liegen solte, ihm alle hülfliche Handreichung zu thun. Solches bin ich jedweden in dergleichen Gelegenheiten hinwieder zu verschulden erböthig. Zu desto mehrer Versicherung habe diesen Abschied eigenhändig unterschrieben, und mit meinem angebohrnen Petschaft bedrücken lassen. So gegeben in unserer Vestung und Residenz-Stadt Schweinygelsburg, den 99 Jan. 100 Säcke mit 700 Bratwürsten und Gläser mit dem besten Wein angefüllt.

Des Herrn General und Gouverneurs von Bachi
bestallter Erz-General-Sauffmeister über das
Schweinygelische Regiment zu Fuß.

Hans Immerdurstig von
Schwelghausen.

Auf Schloß Boncourt in der Champagne 1781 geboren, mit der Familie in den Wirren der französischen Revolution nach Deutschland geflohen, Page der Königin von Preußen und später preußischer Offizier und Weltumsegler, 1838 in Berlin gestorben: ADELBERT VON CHAMISSO, *Naturwissenschaftler und Dichter, schrieb nicht nur »Peter Schlemihls wundersame Geschichte« und manches Gedicht, das wir als Schüler auswendig lernen mußten. In heiterster Manier schildert er in »Mäßigung und Mäßigkeit«, wie alles Wissen um die Folgen des »Zuviel« und beste Absichten oft wenig fruchten, wenn man in froher Runde beim Wein sitzt. Und wohlgemerkt: dergleichen erfindet man nicht.*

MÄSSIGUNG UND MÄSSIGKEIT

Laßt das Wort uns geben heute,
Uns vom Trunke zu entwöhnen;
Ziemt sich's für gesetzte Leute,
Wüster Völlerei zu frönen?
Nein, es ziemt sich Sittsamkeit.
Gutes Beispiel will ich geben:
Mäßigung und Mäßigkeit! –
Stoßet an, sie sollen leben! –
Mäßigung und Mäßigkeit! –
     Maß! Maß!
Leert darauf das volle Glas!

Seht, ein Glas ist Gottes Gabe,
Und das zweite stimmt uns lyrisch;
Wenn ich gegen drei nichts habe,
Machen viele doch uns tierisch;

Trinket mehr nicht als genung!
Und mein Lied will ich euch singen:
Mäßigkeit und Mäßigung! –
Laßt die vollen Gläser klingen! –
Mäßigkeit und Mäßigung!
     Maß! Maß!
Leert darauf das volle Glas!

Seht den Trunkenbold in schrägen
Linien durch die Gassen wanken;
Kommt die Hausfrau ihm entgegen,
Hört sie keifen, hört sie zanken;
Das verdient Beherzigung.
Laßt uns an der Tugend haften:
Mäßigkeit und Mäßigung!
Pereant die Lasterhaften;
Mäßigkeit und Mäßigung!
     Maß! Maß!
Leert darauf das volle Glas!

Was hast, Schlingel, du zu lachen?
Will das Lachen dir vertreiben;
Dich moralisch auch zu machen,
Dir die Ohren tüchtig reiben,
Pack dich fort bei guter Zeit!
Doch ich will mich nicht erboßen:
Mäßigung und Mäßigkeit! –
Eingeschenkt und angestoßen! –
Mäßigung und Mäßigkeit!
     Maß! Maß!
Leert darauf das volle Glas!

Flaschenetikett von Tomi Ungerer

Modus, ut nos docuere,
Sit in rebus, sumus rati;
Medium qui tenuere
Nominati sunt beati;
C'est le juste Milieu zur Zeit!
Ergo! Ergel! – Deutsch gesprochen:
Mäßigung und Mäßigkeit! –
Frisch das Glas nur ausgestochen –
Mäßigung und Mäßigkeit!
        Maß! Maß!
Leert darauf das volle Glas!

Nüchtern bin ich, – Wein her! Wein her! –
Immer nüchtern, – das versteht sich. –

49

Nur das Haus, der Boden, – Nein, Herr,
Nicht betrunken! – Wie doch dreht sich
Alles so um mich im Schwung?
Laß mich, Kellner, laß mich liegen!
Mäßigkeit und Mäßigung! –
Heute muß die Tugend siegen! –
Mäßigkeit und Mäßigung!
Maß! Maß!
Noch ein Glas – so – noch ein Glas!

Der Dramatiker CHRISTIAN DIETRICH GRABBE *(1801 bis 1836), Kriegsgerichtsrat, zuletzt Dramaturg und Verfasser von »Scherz, Satire, Ironie und tiefere Bedeutung«, hatte Probleme mit dem Maßhalten. Aus seiner seelischen Zerrissenheit erwuchs das Verlangen nach Betäubung im Trunk:*

Gebt mir die Dardanellen auszutrinken,
Ein Ätna glüht in meiner Brust.

Daß es sehr schwierig ist, jenes Maß zu wahren, das durch den Wein gute Gedanken bringt und nicht den Menschen zum Sklaven des Alkohols macht, wußte freilich auch Goethe, der erlauchte Weinkenner. Im »Schenkenbuch« des »West-östlichen Divan« meint er dazu:

Solang man nüchtern ist,
Gefällt das Schlechte;
Wie man getrunken hat,
Weiß man das Rechte;
Nur ist das Übermaß
Auch gleich zuhanden;
Hafis, o lehre mich,
Wie du's verstanden!

V. DER WEIN UND DIE LIEBE

Man könnte meinen, das Thema »Wein und Liebe« oder »Wein und Weib« sei erschöpft. Aber immer neue Varianten aus alter und neuer Zeit werden entdeckt, vielfältig wie die Weine dieser Welt selbst, eine bunte Palette sinnlicher Freuden und weiser Einsichten. Diese mögen in den Versen eines Dichters gipfeln, der sich in seinem Alltagsleben wie in seinem Werk immer wieder als Weinkenner von hohen Graden erwies, JOHANN WOLFGANG GOETHE *nämlich:*

Lieb-, Lied- und Weines Trunkenheit,
Ob's nachtet oder tagt,
Die göttlichste Betrunkenheit,
Die mich entzückt und plagt.

So steht es im »West-östlichen Divan« nachzulesen. Und in den »Carmina Burana«, den von Mönchen des Klosters Benediktbeuren im 13. Jahrhundert aufgezeichneten Liedern der Scholaren (übertragen von Ludwig Laistner), heißt es:

Bacchus – auch die Weiblein oft
Sucht er heim im stillen,
Macht sie alle untertan
Der Frau Venus Willen.

Bacchus läßt sein Feuerblut
Durch die Adern jagen,
Bis in heller Venusglut
Aus die Flammen schlagen.

Bacchus – linde lindert er
Alle Sorg' und Schmerzen,
Daß wir wieder frohgemut
Lieben, lachen, scherzen.

Bacchus weiß zu schmeidigen
Auch der Weiber Spröde,
Und nicht lange steht es an,
Tun sie nimmer blöde.

Ähnlich deftig-unverblümt vermelden die »Weingrüße und Weinsegen« des 15. Jahrhunderts:

Nun grüß dich Gott, du edler Wein!
Mach schmuck die Füße, geh herein!
Ich mag dir doch nicht feindlich sein,
Bringst mich gleich um die Habe mein.
[...] Und machst, daß ich nach Frauen jag
Mehr wie ich unterm Gurt vermag:
Darum bist du der Herzfreund mein.
Wem nicht von Frauen und von Wein
Allzeit ein guter Mut kommt an,
Der wird verkündet in den Bann.

WEIN

JOHANN FISCHART *(1546–90) soll jenes Gedicht ver-*
faßt haben, das hernach von Armin und Brentano in
»Des Knaben Wunderhorn« aufnahmen. Darin ist die
Rede vom Muskateller, der liebsten Buhlen:

Die liebste Buhle, die ich han,
Die liegt beim Wirt im Keller,
Sie hat ein hölzern Röcklein an,
Und heißt der Muskateller.
   Sie hat mich nächten trunken gemacht,
   Und fröhlich mir den Tag vollbracht,
   Drum wünsch ich ihr ein gute Nacht.

Sie hat mich auch so angelacht,
Daß ich die Sprach verloren,
Und hat mir gestern Bauchweh gemacht
Wohl zwischen meinen Ohren,
   Drum tu ich ihr ein Possen heut,
   Und bring zu ihr ein andre Maid,
   Die mag mit ihr bestehn den Streit.

Nun Mägdlein halt dein Kränzlein fest,
Daß du nicht kömmst zum Weichen,
Mein Wein tut heut gewiß sein Best,
Gar sanft wird er einschleichen.

Die von JOHANN WILHELM LUDWIG GLEIM *(1719 bis
1803), dem Anakreontiker und Dichter »Scherzhafter
Lieder«, gestellte Frage*

Soll ich trinken oder küssen?
Hier winkt Bacchus, dort Cythere,
Beide winken, beide lächeln

*wurde von den Poeten fast immer mit einem »sowohl
als auch« beantwortet. Wein und Liebe als untrennbare
Themen, so erscheinen sie auch bei* FRIEDRICH VON
HAGEDORN *(1708–54):*

Was kann das Totenreich gestatten?
Nein! Lebend muß man fröhlich sein.
Dort herzen wir nur kalte Schatten;
Dort trinkt man Wasser und nicht Wein.

Deutlicher und nahezu apodiktisch behandelt WILHELM
BUSCH *im »Frühlingslied« die freudige Symbiose:*

Wer als Wein- und Weiberhasser
Jedermann im Wege steht,
Der genieße Brot und Wasser,
Bis er endlich in sich geht.

HERMANN HESSE *(1877–1962) pries den »starken,
süßen Gott« als »Verführer und Bruder des Eros«. Und*
CARL MICHAEL BELLMANN *(1740–95), der geniale
schwedische Dichter, wollte sich beiden verdingen, Venus
und Bacchus:*

Mädchen von fünfzehn und voller Pokal
Sind auf der Welt mein bestes Behagen –
Ach, daß ich wäre in all' meinen Tagen
Bei Venus ein Fähnrich, bei Bacchus Korp'ral.

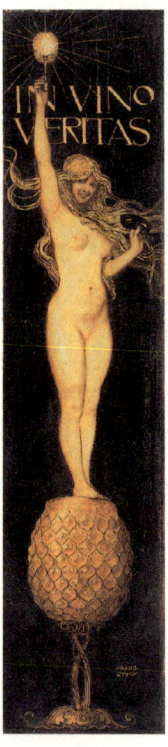

Die machohafte Behauptung, der Mann brauche drei Frauen – eine für die Küche, eine für das Gespräch und eine fürs Bett –, wird von gescheiten Weintrinkern widerlegt und auch pekuniär dadurch vereinfacht, daß man nach einer Frau Ausschau hält, die für alle diese Bereiche zugleich kompetent ist, eben eine echte Weinfreundin.

Das ist eine vom Wein viel verstehende, ihn mäßig, aber regelmäßig kostende und ihrem Ehemann oder Lebensgefährten immer dann, wenn er mag, vergönnende Frau, keinesfalls aber eine »versoffene Krugsurschel«, wie man im Mittelalter allzu trinklustige Damen öffentlich zu titulieren und anzuprangern pflegte. Diese gab es schon im alten Rom, wie auch GERHART HERRMANN MOSTAR *(1901–73) zu künden weiß:*

Franz Stuck: In vino veritas

Bald stießen auch Damen zur Saufkumpanei:
Martial erwähnt eine Ida,
Die schaffte zwei Maß, und Frau Lyka trank drei,
Und viere die liebliche Lyda,
Magulla trank fünf und Justina trank sechs,
Doch Naevia war eine Panne:
Sie teilte ihr Bett total ohne Sex
Mit der Kanne anstatt mit dem Manne!

*Von solchen »Zechschnepfen« ist es ein weiter Weg
bis zur vergleichenden Betrachtung, die* WALTHER
KIAULEHN *(1900–68) zwei lebendigen Wesen, dem
Wein und den Frauen, widmete:*

Wenn der Wein ein Kunstwerk ist, dann ergibt sich der
liebliche Schluß: Die Natur der Frauen ist nicht nur mit
Kunst, sie ist auch mit Wein verwandt.
Der Moselwein ist ein junges Mädchen, der Pfälzer ist
eine derbe, südliche Schönheit, und der Rheingauer ist
die Frau von dreißig Jahren, die elegante Frau, die Dame
unter den deutschen Weinen. Weil der Moselwein ein
junges Mädchen ist, hat er allen Altersklassen von Män-
nern etwas zu sagen. Am liebsten sind junge Mädchen in
der Gesellschaft von älteren Herren. [...]
   Pfälzer Wein ist zuverlässig in seiner ständigen Gut-
gelauntheit, die ewige Geliebte, die kreischende Marke-
tenderin, aber auch die mütterliche Frau. [...]
   Väter, die Wert darauf legen, ihre Söhne zu Kavalieren
zu erziehen, bringen ihnen früh den Respekt vor dem

Rheingauer Wein bei. Alles an ihm ist damenhaft. Er ist keusch, ohne scheu zu sein, er ist lieblich, seelenvoll und witzig. Es ist ein lächelnder Wein, der sehr gut zuhören kann, wenn man sich allein mit ihm unterhält.

»Wein macht die Herzen bereit und öffnet sie den Liebesgluten«, lehrt OVID *(43. v. Chr. – 17 n. Chr.) in seiner »Liebeskunst«, und* EURIPIDES *(um 480–406 v. Chr.) läßt verlauten, beim Wein »werden alle Geister wach, da schließen sich der Frauen Reize voller auf«, überleitend zu Anakreons Fazit eines Kelterfestes: »Denn zu wilden Taten lockt der trunkene Gott das junge Völkchen.« Sündige Liebe – himmlische Liebe war einst das Gegensatzpaar, Wein der Lust, Wein der Abendmahlsfeier, Exzeß oder Maße.*

Vom Halberstadter Stiftskanonikus JOHANN WILHELM LUDWIG GLEIM *war schon die Rede. Kommen wir zu ihm nochmals zurück, denn auch ihn plagte – möglicherweise nur platonisch – der Widerstreit zwischen Bacchus und Amor:*

> Bacchus streitet sich mit Amor!
> Ob es Ernst ist oder Scherz?
> Ernst muß es wohl sein, sie streiten
> Sich ja um mein Herz.
>
> Bacchus mag den Sieg gewinnen!
> Ihm zu geben, steht bei mir!
> Aber nein, vertragt euch lieber,
> O ihr Götter, ihr!

Gern lieb' ich euch alle beide,
Alle beide könnt ihr mich
Glücklich machen, o vertraget
Euch doch nur, bitt ich!

Laßt mich trinken, laßt mich lieben,
Beides laßt mir doch zugleich,
O ihr allerliebsten Götter,
O vertraget euch!

Euch zu Ehren mich berauschen
Soll die Liebe, soll der Wein!
Lächelnd schenkt mir unter Küssen
Meine Doris ein.

Die guten alten Zeiten waren keineswegs sittsam oder gar prüde. Der Weinherbst war zwar ein Teil anstrengender bäuerlicher Arbeit, aber auch von Lebenslust und sinnlichem Vergnügen geprägt. So schreibt JOHANN WILHELM STUCK *(1542–1607) in seinen »Opera« (1695):*

In Frankreich und manchen Gegenden Deutschlands besteht zur Zeit der Weinlese die Freiheit, daß die traubenlesenden Burschen und Mägde nach dem Essen, das aus Fleischzukost mit Hirse besteht, untereinander Liebesspiele treiben, indem die Burschen den Mägden die Brüste bloßlegen und küssen. Nach Beendigung der Weinlese feiern sie ein Gelage, das sie Herbstbad nennen.

Und JOHANN GEORG KESSLER *(1693–1743) berichtet in seinen »Neuesten Reisen durch Teutschland« von 1740:*

Im Herbst erlustigt sich jedermann mit der Weinlese und gibt sich sonderlich das gemeine Volk so viele Freiheiten, daß davon die Früchte im Monat Mai und Juni hervorzukommen pflegen.

Aus dem Jahre 1814 berichtete Goethe, vom Binger Rochusfest zurückgekehrt, von der heute noch anzutreffenden Weinlust rheinhessischer Frauen, wenn auch weit entfernt von den Erfahrungen des schon zitierten römischen Philosophen Seneca, der da schrieb: »Unsere Frauen trinken mit männlicher Freiheit und durchwachen die Nächte mit gefülltem Becher.«

Steht Völlerei einer Frau schlecht an, so ist doch auch totale Weinabstinenz eine arge Plage für einen weinfreundlich gesinnten Mann. Der Volksmund hat sich dieser Einsicht angenommen und bündige Weisheiten formuliert wie diese:

Zwei Dinge, die machen das Leben zur Pein:
Grantige Weiber und saurer Wein.
Drum schütz' uns, St. Urban, mit gütiger Hand
Vor Essigstich und Weibergrant.

Dazu gehört auch eine recht einfallsreiche Entschuldi-
gung wie die folgende: »Durch ein saures Weib sind
schon mehr Männer zu Säufern geworden als durch den
süßesten Wein.«

Eine probate Rezeptur für den Umgang mit Frauen
und ihre Ähnlichkeit mit dem Wein gibt der Pfälzer
Dichter KARL RÄDER *(1870–1967), eigentlich als Mund-*
artpoet bekannt, in hochdeutscher Sprache:

Wein und Frauen – allerwegen –
Die muß man auch mit Liebe pflegen!
Man muß sie stürmisch lassen gären,
In Ruh sich setzen lassen, klären;
Man darf sie niemals, ohne Spaßen!
In Essig übergehen lassen!
Kurz, man muß ihnen stets hofieren,
Nach jeder Trübung sie filtrieren,
Dann bleiben sie uns schön und jung,
Voll Anmut, Feuer, Kraft und Schwung.

Wer aber schaut zu tief ins Glas,
Und Frauen liebt im Übermaß,
Wer nicht bei einer Sorte bleibt
Und gern die Abwechslung betreibt,
Statt brav zu sein als treuer Vater:
Den quält mit Recht alsbald der Kater!
Darum bewährt sich jederzeit
Bei Wein und Frau'n Beständigkeit.

VI. LOB DES WEINS

Der Westfale (*1931), Dr. iur. und Rechtsanwalt FRANZ
JOSEF DEGENHARDT *ist einer der bekanntesten politi-
schen Liedermacher. Aber er hat nicht nur die Aufforde-
rung »Spiel nicht mit den Schmuddelkindern« persifliert
und nicht nur revoltiert. Seine Verse »Ich möchte Weintrinker sein« gehören ganz sicher zu den besten, die jen-
seits von biedermeierlichem Umgang mit Wein (der auch
schön sein kann) das Verhältnis des modernen Menschen zum Sorgenlöser (dem »lyaeus« des griechischen
Weinkults), zum Medium seelischer Entspannung in einer hektischen Zeit glaubwürdig und einfach zeichnen.*

WEINTRINKER

Ich möchte Weintrinker sein,
mit Kumpanen abends vor der Sonne sitzen
und von Dingen reden, die wir gleich verstehn,
harmlos und ganz einfach meinen Tag ausschwitzen
und nach Mädchen gucken, die vorübergehn.
Ich möchte Weintrinker sein.

Ich möchte Weintrinker sein
und nicht immer diese hellen Schnäpse saufen,
nicht von Dingen reden, die nur mich angehn,
mir nicht für zwei Gläser Bier Verständnis kaufen,
nicht mit jenen streiten, die am Tresen stehn.

Ich möchte Weintrinker sein,
bei 'nem herben Roten oder leichten Weißen

um 'ne Runde spielen, nach der keiner fragt,
ein paar Witze über den Verlierer reißen,
der ganz einfach nur darüber lacht.

Ich möchte Weintrinker sein,
nicht beim Schnaps um Zehntel Skat mit
                                 Hirschbock spielen,
wo man gierig Geld in seine Taschen wischt,
nicht dem Nachbarn heimlich in die Karten schielen,
ihn nicht schlagen, wenn er sich zwei Asse mischt.

Ich möchte Weintrinker sein,
mit Kumpanen lachend ein paar Lieder singen,
die sich um Trinken, Mädchen und um Liebe drehn,
nebenbei ein bißchen reden von den Dingen,
die am Tag in einer kleinen Stadt geschehn.

Ich möchte Weintrinker sein,
nicht ab Mitternacht »Frau-Wirtin-Verse« grölen,
kein Soldatenlied und nicht den »Tag des Herrn«,
nicht vom »Mittelabschnitt« irgendwas erzählen
und auch nichts von Hungerspest in Hongkong hör'n.

Ich möchte Weintrinker sein,
auf dem Nachhauseweg wie Kinder darauf achten,
daß man beim Bürgersteig nicht auf die Ritzen tritt,
und im Bett dran denken, wie die Mädchen lachten,
und im Schlaf noch lachen über meinen Schritt.
Ich möchte Weintrinker sein.

Kristallkaraffe mit Weißwein. Ausschnitt aus dem Isenheimer
Altar von Mathias Grünewald, um 1514

Die Verse von MARTIN HANKE, *schlesischer Gymnasial-
lehrer und »Poeta laureatus« (1633–1709), sind ein all-
umfassendes »Lob des Weines«, das auch in unserer Zeit
noch seine Gültigkeit hat:*

VON DER HERBST-ZEIT

Du magst den lentz und sommer preisen,
Mir, mir gefällt des herbstes frucht,
Die man in grossen fässern sucht,
In schönen gläsern pflegt zu weisen.
Wo fröliche gemüther seyn,
Da bist auch du, o edler wein!

Du kanst den helden stärcke machen,
Wenn sich der feind im felde zeigt,
Wenn, ehe man die stadt ersteigt,
Die mörsel und carthaunen krachen.
Wo tapffere soldaten seyn,
Da bist auch du, o edler wein!

Du kanst durch deine macht erwecken
Der klugen geister eigenschafft,
Der unerschrocknen redner krafft,
Die nach dem himmel pflegt zu schmecken.
Wo fertige poeten seyn,
Da bist auch du, o edler wein!

Du heist die männer länger sitzen
In löblicher gesellschafts-lust:
Wem die melancholey bewust,

WEIN

Kanst du das kalte blut erhitzen.
Wo die verliebten hertzen seyn,
Da bist auch du, o edler wein!

Du bist der beste koch auff erden,
Der beste leib-artzt in der welt,
Der zu gesunden sich gesellt,
Die schwachen wieder starck läßt werden.
Darum soll mir, o edler wein!
Der herbst ein gantzes wein-jahr seyn.

*Auf einer Wasserburg im Münsterland geboren, später in
Meersburg am Bodensee, über den Weinbergen, lebend
und gestorben, war* ANNETTE VON DROSTE-HÜLSHOFF
*(1797–1848) Autorin von Balladen, Versepen, Gedich-
ten, die hohe Sensibilität und realistische Beobachtung
auszeichnen. Wer sie im Schulunterricht oder bildungs-
beflissen hernach durch ihre Werke kennenlernte, hätte
wohl kaum vermutet, daß sie auch dieses »Trinklied«
schrieb, das die Harmonie von Wein und Tanz preist.*

TRINKLIED

Lyram, larum ohne Sorgen,
Da ich wieder trinken mag!
Für sich sorget schon der Morgen
Und für sich der Nachmittag,
Und zu Nacht in stiller Ruh
Tut man dann die Augen zu.

Laßt so lang uns, Bruder, trinken,
Wie nur immer Wein ist da,
Bis die hellen Lichter blinken
In dem Tanzsaal, tralala!
Ihr, Zechbrüder allzumal,
In dem hochgewölbten Saal.

Freunde! – o bei diesem Worte
Ist es mir so warm ums Herz! –
In dem tanzgeschickten Orte,
Lieben wir den frohen Scherz.
Drum willst du mein Freund gern sein,
Laß den Scherz nicht so allein.

Und nun sucht zum Tanzen Damen!
Denn nicht jede macht beglückt;
Die nichts liebt als nur den Rahmen,
Ist auch nicht zum Tanz geschickt.
Nein, die sich nicht fleißig übt,
Zeigt, daß sie kein Tanzen liebt.

Nun! Du mein verlaßnes Fläschchen,
Das zu lang ich schon vergaß,
Dann und wann ein kleines Gläschen
Mach mir noch die Kehle naß!
Erst nach meinem Lebenslauf
Hört mein frohes Trinken auf.

In seinem Geburtsland China volkstümlich und in Europa durch viele Nachdichtungen bekannt ist der Lyriker LI TAI-BO *(701–762). Er war auch Mitbegründer der*

Gesellschaft der »Acht Unsterblichen vom Weinbecher«, eines der ersten Weinfreundezirkel der Weltgeschichte. »Der Mond als Zechkumpan, das Universum als Lagerstatt seines Rausches – das sind Bilder, die für Tai-bo kennzeichnend sind«, schrieb Günther Debon, einer der besten Kenner von Leben und Werk des Dichters, zu dessen Bewunderern auch Klabund gehörte. Von ihm stammt die folgende Nachdichtung:

DER PAVILLON VON PORZELLAN

In dem künstlich angelegten Teiche
Auf der Insel steht der Pavillon von grün und
                         weißem Porzellan.
Man gelangt in seine gläsernen Bereiche
Über eines weißen Tigers Rücken, der sich hier als
                         Brücke aufgetan.

Dort sitzen Freunde froh beim Weine. Licht
Ist der Gewänder Farbe, die sich nicht im Staub der
                         Wochentage placken.
Die Freunde plaudern oder schweigen heiter. Einer
                         schreibt ein Gedicht,
Streift die Ärmel zurück und wirft das Haupt
                         in den Nacken.

Sieh: in dem Teich, in dem die Badebrücke, in den
                         Wellen leise wehend,
Sich wie ein Halbmond wölbt, der Freunde trunknen
                         Wahn!
Die Kleider zitternd! Auf dem Kopfe stehend
In einem Pavillon von Porzellan!

Zu den Klassikern rheinischer Weinpoesie gehört JÖRG
RITZEL, *1864 in St. Goarshausen geboren, 1941 in Wies-
baden verstorben. Von ihm stammt der einst viel gesun-
gene »Rolandsbogen«. Schwänke, Erzählungen, heitere
Romane, viele Weingedichte und -histörchen schrieb er,
und seine große illustrierte Anthologie »Der lachende
Rhein« fand ausgezeichnete Kritik. Jörg Ritzel war eine
markante Erscheinung mit grauem Spitzbart und klaren
Augen, die – alte Fotos lassen es erkennen – eulenspie-
gelhaft, wissend und vergnügt zugleich hinter der Brille
in die für ihn weinfrohe Welt schauten. Sein Gedicht
»Im Wein« spiegelt heitere, erfrischende Philosophie:*

IM WEIN

Ich zog den Rhein hinunter,
Ich zog den Rhein hinauf,
Mir ging manch selig Wunder
An seinen Ufern auf.
Drum fort, verlauster Plunder!
Ich schnür' mein Ränzel ein
Und tauche wieder unter
    Im Wein, im Wein, im Wein!

Der Büttel und der Scherge,
Die han mich arg gezwickt.
Heiho! Jetzt geht's zu Berge,
Die Seele neu geflickt!
Komm her, du blonde Lerche!
Schenk du mir wieder ein!
Ertränke das Gewerge
    Im Wein, im Wein, im Wein!

Laß fliegen Sohl' und Kappen!
He, Fiedelmann, spiel auf!
Was scher'n mich seidne Lappen
Und all der Trödelhauf!
Komm, Kind! Zum offnen Zappen
Tanz ich mit dir hinein
Und schließe dann die Klappen
   Mit Wein, mit Wein, mit Wein!

Und wem das Herz verrostet,
Wer Grünspan hat im Leib,
Wen keifend hält gepfostet
Ein gallengrämlich Weib,
Der ziehe mit, wo's mostet,
Und wasch' das Herz sich rein,
So lang die Sonne ostet,
   Im Wein, im Wein, im Wein!

Ein tiefsinniger und dennoch frivoler Freigeist war der bereits zitierte persische Dichter, Mathematiker und Astronom OMAR CHAJJÂM. *Er war ein Freund des Weins und pries das Glück des Augenblicks, dem er bei seinen Studien, am Springbrunnen des Rosengartens, lebte, denkend und reimend, vielfach übersetzt und nachgedichtet. Einem Lebensbekenntnis gleicht sein Lob des Weines:*

Ich habe dieses Daseins Höhn und Tiefen
Durchdrungen mit den Kräften meines Geistes,
Mit tiefstem Denken schlug ich mich herum.

Ich wär ein Narr, wollt ich die Wahrheit nicht
Gestehn: Das Beste, was das Glück uns spendet,
Ist Trunkenheit des Weines – sie ist göttlich!

HERMANN HESSE *(1877–1962), Nobelpreisträger und
in den sechziger Jahren von der Jugend »wiederentdeckt«,
lobt ebenso romantisch-bewegt wie einfühlsam das
Wunder des Weines:*

DER SÜSSE GOTT

Der starke, süße Gott ward mir ein treuer Freund und
ist es heute noch. Wer ist so mächtig wie er? Wer ist
so schön, so phantastisch, schwärmerisch, fröhlich und
schwermütig? Er ist ein Held und Zauberer. Er ist ein Verführer und Bruder des Eros. Er vermag Unmögliches;
arme Menschenherzen füllt er mit schönen und wunder-
lichen Dichtungen. Er hat mich Einsiedler und Bauern
zum König, Dichter und Weisen gemacht. Leer gewordene Lebenskähne belastet er mit neuen Schicksalen
und treibt Gestrandete in die eilige Strömung des großen
Lebens zurück.

So ist der Wein. Doch ist es mit ihm wie mit allen köstlichen Gaben und Künsten. Er will geliebt, gesucht, verstanden und mit Mühen gewonnen sein. Das können
nicht viele, und er bringt tausend und tausend um. Er
macht sie alt, er tötet sie oder löscht die Flamme des
Geistes in ihnen aus. Seine Lieblinge aber lädt er zu
Festen ein und baut ihnen Regenbogenbrücken zu seli-

gen Inseln. Er legt, wenn sie müde sind, Kissen unter ihr Haupt und umfaßt sie, wenn sie der Traurigkeit zur Beute fallen, mit leiser und gütiger Umarmung wie ein Freund und wie eine tröstende Mutter. Er verwandelt die Wirrnis des Lebens in große Mythen und spielt auf mächtiger Harfe das Lied der Schöpfung.

Und wieder ist er ein Kind, hat lange seidige Locken und schmale Schultern und feine Glieder. Er lehnt sich dir ans Herz und reckt das schmale Gesicht zu deinem empor und sieht dich erstaunt und traumhaft aus lieben großen Augen an, in deren Tiefe Paradieserinnerung und unverlorene Gotteskindschaft feucht und glänzend wogt wie eine neugeborene Quelle im Wald.

Und der süße Gott gleicht auch einem Strom, der tief und rauschend eine Frühlingsnacht durchwandert. Und gleicht einem Meere, welches Sonne und Sturm auf kühler Woge wiegt.

Wenn er mit seinen Lieblingen redet, dann überrauscht sie schauernd und flutend die stürmende See der Geheimnisse, der Erinnerung, der Dichtung, der Ahnungen. Die bekannte Welt wird klein und geht verloren, und in banger Freude wirft sich die Seele in die straßenlose Weite des Unbekannten, wo alles fremd und alles vertraut ist und wo die Sprache der Musik, der Dichter und des Traumes gesprochen wird.

Wer den Wein nicht bestimmter Erkrankungen wegen meiden muß (denn in aller Regel ist er wahre Medizin), ihn aber dennoch ablehnt, verschenkt Freuden des Lebens. Wein ist ein hohes Gut der menschlichen

Kultur und der Gesellschaft überhaupt, als Medium der Kommunikation, als Anreger, als Erlöser. CHARLES BAUDELAIRE *(1821–67) schreibt dazu in den »Künstlichen Paradiesen«:*

Wenn der Wein aus der menschlichen Produktion ausschiede, so würde, glaube ich, in der Gesundheit und dem Intellekt unseres Planeten eine Leere, eine Abwesenheit, ein Defekt entstehen, viel schrecklicher als alle Ausschweifungen und Verirrungen, für die man den Wein verantwortlich macht. Ist es nicht ein ganz einleuchtender Gedanke, daß die Leute, die – aus Naivität oder aus System – niemals Wein trinken, entweder Schwachköpfe oder aber Scheinheilige sein müssen –: Schwachköpfe, das will sagen: Menschen, die weder die Menschheit noch die Natur kennen; Künstler, welche die traditionellen Mittel der Kunst zurückweisen; Werkleute, welche die Mechanik lästern; – Scheinheilige, das will sagen: schändliche Gourmands, Nüchternheitprahler, die im verborgenen trinken und irgendein geheimes *Laster* haben? Ein Mensch, der nur Wasser trinkt, hat seinen Mitmenschen ein Geheimnis zu verbergen.

»Noah aber fing an und ward ein Ackermann und pflanzte
Weinberge. Und da er von dem Wein trank, ward er trunken
und lag in der Hütte aufgedeckt.« (1. Mose 9,20 f.)
Noah, der erste Weingärtner. Relief am Dom von Florenz,
um 1340

WEIN ERFREUT LEIB UND SEELE

Über dreihundert Gleichnisse in der Bibel betreffen den Wein, seinen Gebrauch und seinen Mißbrauch, das göttliche Getränk und das Mittel menschlicher Erquickung. So lesen wir bei Jesaja 5,11 und 12:

Weh denen, die des Morgens früh auf sind, des Saufens sich zu fleißigen, und sitzen bis in die Nacht, daß sie der Wein erhitzt, und haben Harfen, Psalter, Pauken, Pfeifen und Wein in ihrem Wohlleben und sehen nicht auf das Werk des Herrn und schauen nicht auf das Geschäft seiner Hände!

Und bei Jesus Sirach 31,32– 40 heißt es:

Der Wein erquickt den Menschen das Leben, so man ihn mäßig trinkt. Und was ist das Leben, da kein Wein ist? Der Wein ist geschaffen, daß er die Menschen soll fröhlich machen. Der Wein, mäßig getrunken, erfreut Leib und Seele.

Aber so man zuviel trinkt, bringt er Herzeleid, dieweil man sich reizt und widereinander streitet. Die Trunkenheit macht einen tollen Narren noch toller, daß er trotzt und pocht, bis er wohl gebleut, geschlagen und verwundet wird.

Schilt deinen Nächsten nicht beim Wein und schmähe ihn nicht in seiner Freude. Gib ihm nicht böse Worte und dränge ihn nicht, zu bezahlen, was er dir schuldig ist.

Aber bei 4. Mose 13 steht auch zu lesen von Josua und Kaleb, den Kundschaftern des Moses:

Und der Herr redete mit Mose und sprach: Sende Männer aus, die das Land Kanaan erkunden, das ich den Kindern Israel geben will, aus jeglichem Stamm ihrer Väter einen vornehmen Mann. [...]

Es war aber eben um die Zeit der ersten Weintrauben. [...] Und sie kamen bis an den Bach Eskol und schnitten daselbst eine Rebe ab mit *einer* Weintraube und ließen sie zwei auf einem Stecken tragen, dazu auch Granatäpfel und Feigen. Der Ort heißt Bach Eskol um der Traube willen, die die Kinder Israel daselbst abschnitten.

Und sie kehrten um, als sie das Land erkundet hatten, nach vierzig Tagen, gingen hin und kamen zu Mose und Aaron und zu der ganzen Gemeinde der Kinder Israel in die Wüste Pharan gen Kades und sagten ihnen wieder und der ganzen Gemeinde, wie es stände, und ließen sie die Früchte des Landes sehen. Und erzählten ihnen und sprachen: Wir sind in das Land gekommen, dahin ihr uns sandtet, darin Milch und Honig fließt, und dies ist seine Frucht.

Die Nachfolger Petri bereiteten der Weinkultur den Weg mit Hacke und Karst, sie legten Weinberge an und pflegten den Wein, aber sie genossen ihn auch. MAX BAUER *(1861–1932) berichtet hiervon:*

DER DURST DER MÖNCHE

Wie die frommen Herren das edle Naß zu schätzen wuß-
ten bezeugt, daß sie das beste Faß im Keller mit nutri-
mentum spiritus (Geistesnahrung) und den Weinkeller
selbst bibliotheca subterranea (unterirdische Bibliothek)
benannten.

Dabei waren die Kleriker keineswegs etwa besorgt,
die Öffentlichkeit von ihren Symposien gänzlich fern-
zuhalten, im Gegenteil, sie waren naiv genug, ihre Ta-
felfreuden mit Pinsel und Meißel verherrlichen zu lassen.
In den Miniaturen ihrer Bibeln lassen sehr oft die künstlerischen Mönche ihren satirischen Gelüsten freien Lauf
und zeichnen intime Szenen, die eigentlich eine Art
Selbstverhöhnung darstellen. So zeigt eine Miniature
einer moralischen Bibel des vierzehnten Jahrhunderts
ein Gastmahl in einem Kloster, dem willige Dämchen
beiwohnten.

In den Kreuzgängen der Klöster enthalten häufig
die Kapitäle recht bezeichnende Allegorien. So stellt im
Kloster Maulbronn ein Kapitäl einen kleinen, nackten
Mönch auf einer Weintraube reitend und Trauben na-
schend vor. In demselben Kloster befand sich, auf der
dem Vorhofe zugewendeten Seite des Kirchengewölbes,
ein Stilleben, auf dem eine Gans, umgeben von Küchen-
geräten, Würsten und Weinflaschen abgebildet war. Unter dem Bilde stand eine zu diesem profanen Werke gar
treffend komponierte Sage mit unterlegtem Text; nur
schade, daß von dem nichts weniger als geistlichem
Liede nur die Anfangsbuchstaben des ersten Verses:
A. V. K. L. W. H. – Alle voll, Keine leer, Wein her!
bekannt sind.

Bei der fortgesetzten Gewöhnung an große Quantitäten Weines konnte es nicht ausbleiben, daß es die Mönche mit den trinkfestesten Rittern mit Leichtigkeit aufnahmen. In Bern tranken einmal drei Pfaffen in einem Jahre viertausendachthundert Maß Wein. Im Kloster Johannisberg konsumierten die Mönche solche Mengen des köstlichen Gewächses ihrer Gärten, daß sie 1453 durch eine Kommunion reformiert werden mußten.

Diese »Reformation« tat nicht nur Klöstern und Mönchen, sondern auch sehr vielen Kirchenfürsten not. Von der ältesten Zeit an, bis nahe zur Gegenwart, in der man vielleicht nicht genügsamer, wohl aber so vorsichtig geworden ist, seine kleinen Leidenschaften nicht an die große Glocke zu hängen.

Der Heidenapostel Paulus (um 10 n. Chr. – 64), die bedeutendste Gestalt des Urchristentums, hat sich in seinen Briefen an Korinther, Galater, Epheser, Philipper und andere verewigt. Einige davon werden als unecht angesehen, ganz sicher sind es aber diese fiktiven Zeilen, darin er Regeln aufstellt über den Umgang eines Christenmenschen mit Wein, auf daß er die ewige Seligkeit nicht verliere, vielmehr gewinne. Die als »Kapuzinerpredigt« betitelte Reimerei stammt, ausnahmsweise in hochdeutsch, vermutlich von dem Frankfurter Mundartdichter FRIEDRICH STOLTZE (1816–91):

KAPUZINERPREDIGT

Paulus, der schrieb den Ephesern:
Trinket nie aus leeren Gläsern!
Sintemal und alldieweil
Dieses ist dem Herrn ein Greul.

Den Galatern tät er schreiben:
Laßt das Wassertrinken bleiben!
Weil das Wasser heilig ist,
Denn es tauft damit der Christ.

Wein, so schrieb er an die Römer,
Wein schmeckt auch viel angenehmer,
Und das Wasser, wie man weiß,
Schmeckt nach nichts. Gott tat's mit Fleiß.

Wein, so schrieb er an den Titus,
Liegt im Kultus und im Ritus;
Drum, was Vorschrift und Gebrauch,
Das, mein Sohn, befolge auch.

Wein, schrieb er nach Thessalonich,
Zieh' ich selber vor dem Honig;
Wein stärkt mir den Glaubensmut,
Was der Honig niemals tut.

Ach, schrieb er an den Philémon,
Durst, das ist der schlimmste Dämon!
Durst zu haben und nicht Wein,
Das ist eine Christenpein.

Drum, schrieb er an die Philipper,
Seid nicht nur so bloße Nipper,
In dem Wein liegt Wahrheit, und
Kommt der Wahrheit auf den Grund!

Auch, schrieb er an die Kolosser,
Löscht die Leber nichts famoser,
Drum mit milder Christenhand
Stillt mit Wein des Nächsten Brand.

Doch ein Bischof sei kein Säufer!
Schrieb er dem Timoth voll Eifer;
Weil er nur vom Bischof spricht,
Gilt das für die andern nicht.

Drum, schrieb er an die Korinther,
Saufet, wie die Bürstenbinder!
Lobt den Herrn, hallelujah!
Dafür ist der Weinstock da.

Aus dem allem ist zu schließen,
Leere Gläser voll zu gießen;
Stets den Wein zu trinken pur
Und in großem Quantum nur.

VIII. DIE KUNST DES GENIESSENS

»Man muß so recht von Herzen genießen – riechen den
feinen Duft, dann den ersten Schmecker tun mit den
Lippen, dann mit der Zunge nachkosten, dann richtig
den vollen Schluck schlürfen und dann eben, das Aller-
feinste, das nur die guten Kenner können, den Nachgeschmack prüfen. Den Nachgeschmack? Ja, ja – aber
dazu gehört kein Bierland, dazu gehört das Weinland.«
So hat der in Nieder-Olm (Rheinhessen) geborene Dichter WILHELM HOLZAMER (1870–1907) in seinem 1908
erschienenen Roman »Vor Jahr und Tag« das Weinver-
kosten beschrieben.

Als der »Bremer Ratskeller«, der durch WILHELM
HAUFFS »Phantasien« berühmt wurde und der die größte
Weinkarte Deutschlands hat, eingeweiht wurde, sagte
der Dichter FRANK THIESS (1890–1977) in der Festrede:
»Über einen Gegenstand sprechen, den alle Welt kennt
und liebt, sollte eigentlich leicht sein. Aber Wein trinken
und über Wein reden ist zweierlei.« Nun wird man ent-
gegnen: »Trinken sollte man ihn, den Wein, nicht über
ihn reden.« Freilich, aber warum nicht verkünden, daß
er die schönste Medizin ist, die es gibt, billiger als eine
Kur in Bad Wundersheim, wo man sich zwischen Säuer-
lingsquellen ergeht, angenehmer als bulgarischer Knob-
lauch (auch salonfähiger!), verjüngender und kurz-
weiliger als Gurkenkompressen und erfolgversprechen-
der als das Wasser aus Brunnen, zu denen Manager
wallfahren, gewisse Mängel zu beheben?

Und warum nicht die Kunst des Weingenießens vermitteln, ein wenig Weinritual pflegen, sich nicht lustig
machen darüber, nur weil es manchem eigenartig an-

mutet in unserer Computerzeit. Nicht alles »Erlesenheits-unfug« schelten, sondern von der Grundschule aufstei-gen zur hohen Schule der »Kunst, Wein zu trinken«, ohne Snobist zu werden, der Wein nur schätzt, wenn er teuer ist und aus einem Schloßweinberg stammt. Wo der Hausschoppen zum problemlosen »einfach trinken« ein-lädt, da würde man sich selbst um ein Erlebnis bringen, hielte man es bei großen Weinen ebenso.

LUDWIG TIECK *(1773–1853) läßt in seiner Novelle »Die Gemälde« zur Frage, wie man Wein trinken sollte, den Maler Eulenböck dozieren:*

EIN LEHRSTUHL FÜR DEN WEIN

Nichts in der Welt wird so mißverstanden, Freunde, als der scheinbar einfache Actus, den die Menschen so obenhin Trinken nennen, und keine Gabe wird so ver-kannt, so wenig gewürdiget, als der Wein. Könnt ich wünschen, der Welt einmal nützlich zu werden, so möcht ich eine aufgeklärte Regierung dahin bewegen, einen eignen Lehrstuhl zu errichten, von wo herab ich die unwissende Menschheit über die trefflichen Eigen-schaften des Weines unterrichtete. Wer trinkt nicht gern? Es gibt nur wenige Unglückselige, die das mit Wahrheit von sich versichern können. Aber es ist ein Erbarmen, anzusehn, wie sie trinken, ohne alle Applikation, ohne Stil, Schatten und Licht, so daß sich kaum die Spur einer Schule findet; höchstens Kolorit, was die Übermütigen dann auch gleich sich und der Welt auf die Nase binden und zur Schau aushängen. [...]

Wäre das Trinken keine Kunst und Wissenschaft, so

dürfte es auch nur einerlei Getränk auf Erden geben, so wie das unschuldige Wasser schon diese Rolle spielt. Aber der Geist der Natur versenkt sich auf lieblich anmutige Weise wechselnd und spielend hier und dort in die Rebe, und läßt sich im wundersamen Ringen keltern und verklären, um über den magischen Weg der Zunge in unser Inneres zu steigen, und dort aus altem Chaos alle glänzende Kräfte aus Betäubung und Schlummer aufzuwecken. Seht, da geht der Säufer! O meine Freunde, so schalten und spotteten auch diejenigen, die die Eleusinische Weihe nicht empfangen hatten. Mit dieser goldnen und purpurnen Flut ergießt sich und breitet sich in uns ein Meer von Wohllaut aus [...].

Es ist eine platte Ansicht, zu glauben, daß der Wein unmittelbar, an sich selbst, alle die Wirkungen hervorbringt, die wir ihm zuschreiben; nein, wie ich sagte, sein Duft und Hauch *erweckt* nur die Qualitäten, die in uns ruhn. Nun stürzen sich die Kräfte, Gefühle und Entzückungen hervor, wenn sie von diesen Wellen getränkt werden. Meint man denn, daß es in aller Kunst und Wissenschaft anders sei? Ich brauche doch wohl die alte Platonische Idee nicht von neuem vorzutragen. Raffael und Correggio und Tizian regen nur mein eignes Selbst an, das in Vergessenheit schlummert, und das größte Genie, der tiefste Kunstsinn können sich die Gebilde mit aller Imagination nicht erfinden, die ihnen von den großen Meistern vorgehalten werden; und doch wecken diese Werke selbst nur die alten Erinnerungen auf. Daher auch die Sucht nach neuen geistigen Genüssen, die sonst nicht löblich sein würden; daher der Wunsch, Unbekanntes aufzufinden, Originelles hervorzubringen, der

außerdem nur Unsinn wäre. Denn wir ahnen die Un-
endlichkeit der Erkenntnis in uns, diesen weissagenden
Spiegel der Ewigkeit, und was diese uns werden kann,
ein unaufhörliches neues Erkennen, das sich im Mittel-
punkt einer himmlischen Ruhe sammelt, und von hier
aus weiter nach neuen Regionen ausbreitet. Und darum
eben, meine lieben Saufbrüder, muß es auch viele und
mancherlei Weine geben.

Wie einladend ist GOETHES *Schilderung in »Hermann
und Dorothea«, wo er die erwartungsvolle Stimmung
vor einer Weinprobe am rechten Ort und mit passenden
Flaschen und Gläsern beschreibt:*

... IM GRÜNLICHEN RÖMER

»Tretet herein in den hinteren Raum, das kühlere
                Sälchen.
Nie scheint Sonne dahin, nie dringet wärmere
                Luft dort
Durch die stärkeren Mauern; und Mütterchen bringt
                uns ein Gläschen
Dreiundachtziger her, damit wir die Grillen
                vertreiben.
Hier ist nicht freundlich zu trinken; die Fliegen
                umsummen die Gläser.«
Und sie gingen dahin und freuten sich alle der
                Kühlung.
Sorgsam brachte die Mutter des klaren herrlichen
                Weines,

In geschliffener Flasche auf blankem zinnernem
Runde,
Mit den grünlichen Römern, den echten Bechern
der Rheinweins.

Wie man Wein recht verkosten sollte, lehrt OSKAR
MEYER-ELBING *(1866–?) im Stile der »alten Weinken-
ner-Schule«:*

GOLDENE REGELN FÜR WEINSÄUGLINGE

Bist du geladen zu Kennern von Weinen,
Die Keller haben voll köstlichen, feinen
Perlen der Nahe, der Saar und des Mains,
Blumen der Mosel und Kronen des Rheins,
Hör' zu, mein Sohn, ich meine es gut:
Sei auf der Hut!

Denn nichts ist schlimmer, so will's mir scheinen,
Als diese zu teilen mit Kaffern, gemeinen,
Die keine Ahnung haben vom edlen Naß.
Taumeln nachher bezecht auf der Gass',
Saufen den Wein, als wäre er Wasser:
Das sind nur Prasser!

Ehe du eintriffst zu Weingelagen,
Sorge dafür, daß voll ist dein Magen
Mit kräftiger Kost, doch nicht süßen Speisen.
Dies ist ein Rat, der beste, von Weisen
Erprobt, und bewährt beim Trinken des Weins!
Nun merk' dir noch eins:

WEIN

Sobald dir ein Glas kredenzt ist,
Halt's hoch und sieh, wie die Farb' ist.
Wenn sie dem Regenwasser ähnlich,
Dann ist der Wein noch jung und grämlich;
Doch ist sie gelblich, dunkel, goldig gar,
So ist's ein ält'rer Wein fürwahr.
Dann merk' den Jahrgang dir, auch wie er
                             ist benannt,
  Und trink ihn mit Verstand!

Das ist so einfach nicht, du kannst mir's glauben,
Drum will ich mir jetzt hier erlauben,
Dir anzugeben, wie man's macht,
Damit der Kenner nicht gar lacht,
Wenn du das Glas zum Munde führst,
Wohlmöglich gar den Wein umrührst,
Nachdem du Zucker tatest dran –
  Man merkt dir gleich den Säugling an!

Sahst du dich an der Farbe satt,
Prüf', ob er eine Blume hat!
Sie duftet köstlich nur bei guten, ältern Weinen,
Nach Essigsäure oft bei schlechten, kleinen.
Auch Korkgeruch kommt manchmal vor,
Dann schüttle dich und sieh dich vor,
Setz' ab das Glas, trink nicht den Wein,
  Du würdest sonst kein Kenner sein.

Doch hast du Fehler nicht entdeckt,
Gar heimlich schon am Wein geleckt,
Dann schlürf' den ersten Zug hinein –
Mach' rund die Zung' wie 'n Rinnelein,

Drück' sie dann hoch zum Gaumensegel,
Schnalz' mit der Zunge wie ein Flegel. –
Beim zweiten Schluck mußt du dann kauen.
   Du schöpfst Vertrauen!

Im Kreise laß die Äuglein blinken
Und sage nur: »Den kann man trinken!«
Trink langsam Schluck für Schluck fürbaß,
Leer' nie auf einen Zug das Glas.
Daran man schon erkennen kann,
Ob du als echter Trinkersmann
Zu schätzen weißt die Himmelsgabe;
   Sie wäre sonst für dich zu schade!

Es kommen immer neue Spitzen
Und bald schon hast du einen sitzen.
Es schwirren Worte durch den Saal,
Wie: Spritzig, würzig, kolossal,
Feinsäuerlich, hat Erdgeschmack,
Zu leicht, zu schwer, 's ist Lumpenpack! –
Laß reden sie, misch' dich nicht 'rein –
   Trink, trink den Wein!

Wenn diese Regeln du beherzt,
Humor besitzt und öfters scherzt,
Das Rauchen läßt und Brot verlangst,
Eh' nach 'ner neuen Sort' du langst –
Auch Salz kannst du dir geben lassen
Und deine Wirte leben lassen! –
Betrink getrost dich – auf mein Wort:
   Als Kenner giltst du nun hinfort!

WEIN

Wer säuft, sündigt – wer genießt, betet! Also muß man auch alle bedauern, die entweder gar keinen Wein trinken (sie verzichten auf eines der schönsten Erlebnisse im Dasein) oder aber zuviel davon (sie schädigen sich selbst und entwürdigen guten Wein).

Im Traktat einer Vereinigung, die sich die Pflege der Weinkultur in besonderem Maße zur Aufgabe gemacht hat, steht zu lesen:

TRINK-ART UND TRINK-MASS

Trink-Art und Trink-Maß sind großer Beachtung wert. Ein häufiger Fehler ist: zu schnelles Schlucken, ohne auszukosten!

Trinkart	Wie?	Trink-Maß
Saufen	im Unverstand	viel
Kippen	in Ungeduld	mittel
Zechen	in Fröhlichkeit	mittel bis viel
Trinken	mit Bedacht in Ruhe	mittel
Genießen	mit Verstand in Muße	mäßig
Auskosten	mit Hingabe zum höchsten Genuß	wenig bis mittel

Wein sollte man nicht einsam trinken und nicht, wenn man traurig ist. Viele haben aus eigener Erfahrung diesen Rat gegeben (so auch Carl Zuckmayer: »es dringt nur tiefer in dich ein«), mit guten Freunden und im Ge-

spräch beim Wein über den Wein genießt man ihn am besten.
Aber diese These hat auch provokativen Inhalt. Wer mit
»guten Freunden« seine bitteren Erfahrungen gemacht
hat (wie, daß sie nur kommen, solange der Weinkeller
wohlgefüllt ist), oder wer seine Einsamkeit mit Gestalten
der Phantasie zu bevölkern und gesellig zu machen
weiß, der spricht mit dem Wein, weil er allein sein will.
NIKOLAUS LENAU (1802–50), dessen Lyrik von Motiven
der Einsamkeit und Schwermut geprägt ist, bekennt dies:

> »Ach, wer möchte einsam trinken,
> Ohne Rede, Rundgesang,
> Ohne an die Brust zu sinken
> Einem Freund im Wonnedrang?«
>
> Ich; – die Freunde sind zu selten;
> Ohne Denken trinkt das Tier,
> Und ich lad aus andern Welten
> Lieber meine Gäste mir.

IX. WEIN-PROMINENZ

Psammetich I. (664–610 v. Chr.)
war der erste ägyptische König, der Wein trank.

Die Nymphe Kalypso
reichte dem schiffbrüchigen Odysseus Wein, um ihn für
sich zu gewinnen.

Sokrates (470–399 v. Chr.)
war ein Apostel weisen Weingenusses. Er sagte: »Ja, trinken, das behagt mir auch. Mir scheint es mit den Gela-
gen der Männer zu gehen wie mit den Saaten auf dem
Felde; denn auch diese können, wenn der Gott ihnen zu
viel zu trinken gibt, nicht mehr gerade stehen; wenn sie
aber so viel trinken, wie ihnen bekommt, dann wachsen
sie grad auf und blühen und kommen zur Reife.«

Alexander der Große (356–323 v. Chr.)
dankte und opferte, nachdem er Indien bezwungen, am
heiligen Berge Mysa dem Dionysos.

Horaz (65–8 v. Chr.)
selbst Weingutsbesitzer in Sabinien, schrieb diese be-
schwörenden Verse: »Keinen Baum, Varus, pflanze eher
als die heilige Weinrebe … Denn dem Nüchternen läßt
der Gott alles hart erscheinen, und nicht anders fliehen
die quälenden Sorgen.«

Konstantin der Große (um 285–337 n. Chr.)
war ein großer Verehrer der Weinkultur; seiner Gemahlin ließ er ein Grabmal mit einer großen Urne aus Por-

phyr errichten und auf dieser wie an der Decke des Tempels Weinlese und Kelterung darstellen.

Karl der Große (742–814)
war der Begründer der Straußwirtschaften, ließ ausländische Reben nach seiner Pfalz in Ingelheim bringen und anpflanzen und befahl in seinen »Kapitularien«, daß Trauben nicht mit bloßen Füßen getreten werden dürften, sondern zu keltern seien.

Richard Löwenherz (1157–99)
bereitete es, als er auf der Reichsfeste Trifels gefangensaß, große Freude, seine Wächter trunken zu machen und allein Herr seiner Sinne zu bleiben.

Die Herzöge von Burgund
nannten sich bis zum Ende des 14. Jahrhunderts in ihren Verordnungen »Seigneurs immédiats des meilleurs vins de la Chrétienté«.

Johannes Gutenberg (um 1394–1468)
der Erfinder der Buchdruckerkunst, zahlte – wie aus Straßburger Weinsteuerlisten zu ersehen – am 9. Juli 1439 die Steuer für nahezu 2000 Liter Wein; ob er sie in der Emigration mit seiner Hausgemeinschaft trank? Als ihn der Mainzer Erzbischof Adolf von Nassau am 17. Januar 1465 zu Eltville zu seinem Hofmann ernannte, war in der Ernennung einbegriffen eine Lieferung von jährlich zwei Fudern Wein zu Gutenbergs eigenem Verbrauch.

Martin Luther (1483–1546)

schrieb: »Ein' feste Burg ist unser Gott« bei einem Glase
Rheinwein, als er auf dem Wege zum Reichstag in
Worms in der Weinstube »Zur Kanne« in Oppenheim ein-
kehrte; in seinen Tischreden sagte er vom Trinken, daß
Gott es nicht schlecht heiße: »Nun, er hat's drum geschaffen, daß wir's brauchen sollen; fordert nichts anderes von uns, denn daß wir erkennen, daß es seine Güter
sind und ihrer mit Dank genießen.« Er wetterte aber auch
in seiner Auslegung des 101. Psalms im Jahre 1534
wider den Sauf, den allmächtigen Durst und Abgott der
Deutschen.

Kaiser Karl V. (1500–58)

Sohn Philipps des Schönen, war von unbezähmbarer Eß-
und Trinklust. Von ihm wird berichtet: »Fünfmal steckte
er seinen Kopf ins Glas, und jedesmal trank er gewiß
nicht weniger als einen Liter Rheinwein.«

Heinrich IV. von Frankreich (1553–1610)

äußerte einmal, er wolle keine deutsche Fürstentochter
zur Frau, weil er dann immer glauben würde, eine Wein-
kanne um sich zu haben: deutsche Prinzessinnen waren
für ihre Weinfreudigkeit bekannt.

Die Äbtissin von Quedlinburg (um 1600)

brauchte jährlich drei Fuder Wein »zu ihrer Erquickung
und Labung«; so berichtet es der Ritter von Schweinichen
in seinen Aufzeichnungen (1 Fuder = etwa 960 Liter).

Kurfürst Christian II. von Sachsen (1568–1630)
bedankte sich 1610 beim Abschied bei seinem Gastgeber
in Prag, dem Kaiser Rudolf II., mit den Worten: »Kaiser-
liche Majestät haben mich gar trefflich gehalten, also daß
ich keine Stunde nüchtern gewesen bin!«

Herzog Ernst der Fromme von Sachsen-Gotha (1601–75)
bestimmte in seiner »wohlgeordneten und mäßigen Hof-
trinkordnung« im Jahre 1648 in § 9: »Zum Früh- und Ves-
pertrunk vor unser Gemahlin soll an Bier und Wein so-
viel dieselbe begehren wird, gefolgert werden; vor's
gräfliche und adelige Frauenzimmer aber 4 Maß Bier ...«

Liselotte von der Pfalz (1652–1721)
schrieb am 2. November 1720 aus St. Cloud an die Rau-
gräfin Luise: »Weil man den Bacharacher hier erst trinkt,
wenn er sieben oder acht Jahre alt ist, möchte ich wohl
ein wenig Teil an dem Bacharacher haben, so dies Jahr
gemacht worden. Gott weiß, wo ich in acht Jahren sein
werde ...«

Papst Benedikt XIV. (1675–1758)
dankte Maria Theresia für eine Sendung Tokayer-Wein,
den er sehr schätzte, mit einem Schreiben, in dem sich
auch diese Zeilen finden:
   Gesegnet sei das Land, das dich hervorbrachte,
   Gesegnet die Frau, die dich schickte,
   Gesegnet auch ich, der ich dich trinke ...

Friedrich der Große (1712–86)
ließ seinen Gästen bei der Tafel meistens Moselwein kre-
denzen, auf besonderen Wunsch auch ungarischen Wein

oder Champagner. Im Siebenjährigen Krieg habe er, heißt es, abends gesottene Bretzeln mit Käse gegessen und dazu Tiroler Wein getrunken.

Leopold Mozart (1719–87)
schrieb an seinen Sohn Wolfgang über Michael Haydn (1737–1806), einen Bruder Joseph Haydns: »Wer meinst du wohl ist Organist an der Heiligen Dreifaltigkeit (in Salzburg) geworden? Hr. Haydn! Alles lachte. Das ist ein theurer Organist; nach jeder Litaney sauft er ein Viertel Wein …«

Johann Wolfgang Goethe (1749–1832)
trank in den letzten Jahrzehnten seines Lebens tagsüber mindestens eine Flasche Wein. Wilhelm Grimm erzählt, er habe seine Gäste dazu eingeladen, indem er »an die Bouteille zeigte und leise brummte«. Goethes Weinweisheit ist in seinem Werk verewigt. In »Dichtung und Wahrheit« erinnert er sich: »Nach mancherlei Früchten des Sommers und Herbstes war aber doch zuletzt die Weinlese das Lustigste und am meisten Erwünschte; ja es ist keine Frage, daß, wie der Wein selbst den Orten und Gegenden, wo er wächst und getrunken wird, einen freiern Charakter gibt, so auch diese Tage der Weinlese, indem sie den Sommer schließen und zugleich den Winter eröffnen, eine unglaubliche Heiterkeit verbreiten. Lust und Jubel erstreckt sich über eine ganze Gegend. Des Tages hört man von allen Ecken und Enden Jauchzen und Schießen, und des Nachts verkünden bald da bald dort Raketen und Leuchtkugeln, daß man noch überall wach und munter diese Feier gern so lange als möglich ausdehnen möchte.«

Marie-Antoinette (1755–93)
hatte am Hof von Versailles einen »Weinläufer«. Er folgte
der Königin bei jeder Ausfahrt, damit sie jederzeit Brot
und Wein zu sich nehmen könne.

Napoleon (1769–1821)
ließ seine Soldaten beim Vorbeimarsch an den Weinbergen des Chambertin das Gewehr präsentieren, dem dort
gedeihenden Wein zu Ehren.

Kaiser Franz I. von Österreich (1768–1835)
gab am 1. Juli 1816 dem Fürsten Metternich als »dem
Schöpfer des europäischen Friedens« Schloß Johannis-
berg im Rheingau mit seinen berühmten Weinlagen zum
Lehen, behielt sich aber den jährlichen Zehnten für das
Haus Habsburg vor, das ihn noch heute erhält.

E. T. A. Hoffmann (1776–1822)
erhielt für seine Novelle »Das Fräulein von Scuderi«
– 1818 in einem von den Gebrüdern Wilmanns in Frankfurt am Main herausgegebenen Almanach erschienen –
über das ausgemachte Honorar von 4 Friedrichsd'or pro
Bogen von seinem Verleger noch ein Kistchen mit 50
Flaschen 1811er Rüdesheimer Hinterhaus, weil die Novelle einen großen Erfolg hatte. Von ihm, dem Freund
begeisternder Weine, stammt auch dieses Wort: »Gewiß
ist es, daß eben in der glücklichsten Stimmung, ich
möchte sagen, in der günstigen Konstellation, wenn der
Geist aus dem Brüten in das Schaffen übergeht, das
geistige Getränk den regeren Umschwung der Ideen
befördert.«

Heinrich Heine (1797–1856)

schrieb über den Johannisberger Wein und den Fürsten Metternich: »Ich habe den Wein, der dort wächst, immer für den besten gehalten, und für einen gar klugen Vogel hielt ich immer den Herrn des Johannisbergs; aber mein Respekt hat sich noch vermehrt, seitdem ich weiß, in welchem hohen Grade er meine Gedichte liebt …« Und an anderer Stelle: »Mon dieu! wenn ich doch so viel Glauben in mir hätte, daß ich Berge versetzen könnte – der Johannisberg wäre just derjenige Berg, den ich mir überall nachkommen ließe!« Sowie schließlich: »Kann ich mirs doch nicht denken, daß ein Mann, dem der Johannisberg gehört, der beste Wein der Welt, auch im Herzen ein Freund des Obskurantismus und der Sklaverei sein sollte!«

Alexandre Dumas d. Ä. (1802–70)

sagte von dem Wein von Montrachet, einem weißen Burgunder, man müsse diesen Wein auf den Knien trinken, barhäuptig.

Fürst Otto von Bismarck (1815–98)

liebte besonders den Pfälzer Wein, vor allem den aus Deidesheim (Lage Hofstück). Rheinwein und Champagner lernte er schätzen, als er vom 2. bis 7. August 1870 im Hause des Sektfabrikanten Chr. Ad. Kupferberg in Mainz zu Beginn des Deutsch-Französischen Krieges einquartiert war. Auch später, als Kanzler und auf seinem Ruhesitz im Sachsenwald, blieb er ein Freund des Weins. Dem nach schwerer Krankheit Genesenen schickte Kaiser Wilhelm I. durch den Grafen von Moltke am 22. Januar 1894 eine Flasche »Steinberger Kabinett«.

Michelangelo: Trunkener Bacchus mit Satyr, 1497

Wilhelm Busch (1832–1908)

hat den Rotwein, der »für alte Knaben / Eine von den besten Gaben« sei, den Maiwein und den »Mussö« nicht nur in Versen und Zeichnungen angesprochen: »Wohl ehedem, da trank des Weines / Auch ich mein Teil, und zwar kein kleines«, und: »Ein leeres Glas gefällt mir nicht / Ich will, daß was darinne.« Die Kunst besinnlichen Weingenusses aber ist in einem Brief in Worte gefaßt, den er am 4. Juli 1906 an Nanda Kessler richtete: »Während meiner Eisenbahnfahrt saß ich fast allein im Wagen und unterhielt mich mit einer Flasche Aßmannshäuser.«

Sidonie-Gabrielle Colette (1873–1954)

die französische Schriftstellerin, riet ihrem Sohn, sich vor Mädchen zu hüten, die Wein, Trüffeln, Käse und Musik nicht mögen.

Theodor Heuss (1884–1963)

erster Bundespräsident der Bundesrepublik Deutschland, promovierte im Jahre 1905 bei der Staatswirtschaftlichen Fakultät der Universität München mit einer Dissertation folgenden Titels: »Weinbau und Weingärtnerstand in Heilbronn am Neckar«.

X. WEIN UND GESUNDHEIT

Uralt sind die ärztlichen Empfehlungen zur täglichen »Wein-Kur«, verbunden mit Hinweisen, wozu diese nütze sei:

METHODE, AN STATT DERER MINERALISCHEN WASSER, SICH DES RHEIN-WEINS ZU GEBRAUCHEN

So ist auch nöhtig, daß der Rhein-Wein mit guter Vorsicht und gehörigem Maaß genossen werde, wenn anders, die belobte Wirckung darauff folgen soll.

Ich will dahero, zu täglichen Gebrauch, einen jeglichen rahten, solchen mässig zu geniessen. Denenjenigen aber welche sonst gewohnet seynd sich warmer Bäder und Sauer-Brünnen zu bedienen, will ich nach Anleitung eines hochgepriesenen Königlich Preussischen Medici etc. eine kurtze Methode vorschreiben, wie sie an statt derer Mineralischen Wasser, sich des Rheinweins gebrauchen mögen.

1. Ist ein alter und wohl-temperirter Rheinwein, zu dieser Wein-Cur zu erwehlen.
2. Denen vollblühtigen, so sich zu dieser Cur begeben, ist nöhtig vorher zur Ader zu lassen, und diejenigen, so viel Schleim und Unreinigkeiten in denen Gedärmen haben, auch zur Hartleibigkeit incliniren, können vorher ein gelindes Laxans zu sich nehmen.
3. So lange als diese Cur währet, enthält man sich alles andern Geträncks, absonderlich des Brandweins. Es werden auch wohl zu verdauende Speisen erwehlet, welche nicht sehr gewürtzet seyn müssen.

4. Die Cur wird an einem lustigen Orte angestellet, da man sich durch viele angenehme Objecta, derer Domestiquen Sorgen entschlagen kan.

5. Wenn man bey anhaltender Cur, eine überflüssige Hitze spühren solte, oder der Schlaff verhindert würde; wird der Wein jedesmahl mit Schwallbacher Saurbrunn vermischet.

6. Wenn sich nach öfftern Gebrauch des Weins der Leib verschlösse, wird solcher durch gekochte Pflaumen, Borßdorffer Apffel, abgekochte kleine Rosienen und Feigen, mit welchen man ein wenig praeparirten Salpeter nehmen kan, eröffnet.

7. Und endlich wird diese Cur gantzer 5 Wochen lang, zu Frühlings- oder Herbst-Zeit angefangen: Da man denn in denen ersten 8 Tagen, des Morgens 8 Uhr, jedesmahl ein Nösel* Rheinwein, mit 1 Nösel Schwallbacher Sauer-Brunnen vermischet, geneusset. Bey der Mittags-Mahlzeit aber, wird der Wein den Durst sattsamlich zu stillen, und auch wohl noch ein wenig mehr als der Durst erfordert pur und unvermischet getruncken; jedoch also, daß er niemahls mit Eckel genossen, und zum wenigsten im Anfange, des Tags über 2 biß 3 Maaß genommen, auch nach diesen 8 Tagen, biß auf 4 a 5 Maaß zum höchsten gestiegen werde.

8. Zuletzt wird der Leib noch ein mahl gelinde laxiret: Die Glieder oder Gelencke des Leibes werden öffters mit Wein gewaschen; und ist in folgender Lebens-Art zu bemercken, daß man sich für grober Essig-Säure, sehr gesaltzener und geräucherter auch blehender

---

* *Nösel:* auch *Nößel,* altes Flüssigkeitsmaß (ca. 0,5 l).

Speise, noch eine zeitlang hüten, und noch je zuwei-
len etwas guten Rheinwein bey der Mahlzeit trincken
wolle etc.

*Vom größten Kirchenlehrer des christlichen Altertums,
von* AUGUSTINUS *(354– 430), stammt die Erkenntnis:*

In vielen Fällen ist dem Menschen der Wein aber
notwendig. Er stärkt schwachen Magen, erfrischt mat-
te Kräfte, den Leibkalten hitzt er an, auf die Wunden
geträufelt ist er heilsam, Traurigkeit scheucht er, alle
Müdigkeiten der Seele verjagt er, Freuden bringt er, den
Gefährten facht er die Lust am Gespräch.

Weinlese. Ägyptische Wandmalerei, 15. Jahrhundert v. Chr.

101

WEIN

Von ihm bis zur mordernen Ernährungswissenschaft
spannt sich ein weiter Bogen. Aber die neuesten Er-
kenntnisse besagen im Ergebnis nichts anderes, als was
die Ärzte und Seelenkundigen der Antike und des Mit-
telalters schon herausgefunden hatten. Lassen wir statt
vieler NICOLAI WORM *sprechen, der die Summe neu-*
zeitlichen Wissens über den Wein, vermehrt um die
Resultate eigener Forschungen, publiziert hat und unter
anderem schreibt:

TÄGLICH WEIN

Ob jetzt ein Mensch aus diesen Gründen Wein quasi als
Psychomittel trinken sollte, mag ich nicht entscheiden.
Das sollte jedem selbst überlassen bleiben. Doch wer
gerne Wein trinkt, dem kann versichert werden, daß
eine maßvolle Menge keine negativen, sondern ausschließlich positive Wirkungen auf Geist und Seele aus-
übt. Wenn es heute sogar wissenschaftlich bewiesen und
begründet ist, daß Wein negativen Streß reduziert, eu-
phorisierend wirkt und Depressionen bekämpft, das
Selbstwertgefühl hebt, das allgemeine Wohlbefinden
steigert und damit die Lebenskraft erhöht, dann können Sie getrost folgern, daß »Täglich Wein« – genügend,
aber nicht zuviel – auch Ihre Lebensqualität verbessern
wird. [...]

Für die Mehrheit der Menschen ist jedoch das
»Maßhalten« die einzig wichtige Regel. Wein hilft beim
gesunden Maßhalten. Er enthält wenig Alkohol und
keine Kohlensäure, das heißt, er geht nicht so schnell ins

Blut über und wird zu einem größeren Teil schon im Magen abgebaut. Außerdem trinkt man ihn, ganz im Gegensatz zu Bier und Spirituosen, meist nur zum Essen. Einerseits wird dadurch der Alkohol langsamer ins Blut aufgenommen und schon zu einem höheren Teil im Magen abgebaut. Anderseits ist eine Dosierung, die ans Essen gekoppelt ist, automatisch besser geregelt. Weintrinker haben generell weniger Gesundheitsprobleme als Bier- und Schnapstrinker. Ein Grund mag sein, daß Weinliebhaber moderater leben. Es ist »weise«, Wein zu trinken. »Mäßigung« war schon immer die Formel der Weisen – daß paßt im Lebensstil gut zusammen, und das ist auch die wissenschaftlich untermauerte Botschaft.

Mannigfach sind schon in alten Zeiten die Empfehlungen, Wein als Heilmittel und zur Stärkung des menschlichen Organismus zu gebrauchen. Oft muten sie heute kurios an, fast immer aber ist erprobte Volksweisheit die Grundlage der »Rezepte«.
Eine Rarität besonderer Art aber ist der Nachweis, daß es wirklich einmal – noch gar nicht so lange zurückliegend – den oft spaßhaft geforderten »Wein auf Kosten der Krankenkasse, nach ärztlicher Verordnung« gegeben hat, lange vor der Gesundheitsreform:

WEIN AUF ÄRZTLICHE VERORDNUNG

Die Ortskranken-Kasse
HEIDELBERG

an

Herrn Dr. Durand
Apotheker

Schwetzingen.

Die Abgabe von Weiß- und Rotwein
an unsere erkrankten Kassenmitglieder
betr.

Nach Rücksprache mit unseren Herren Kassenärzten
haben wir uns entschlossen an unsere erkrankten Kassenmitglieder nach ärztlicher Verordnung Weiß- oder
Rotwein verabfolgen zu lassen und zu diesem Behufe
hier zwei Abgabestellen errichtet, welche gegen Abgabe
einer Anweisung des Kassenarztes, die Verabreichung
des Weines gegen ein Entgelt von 10 Pf. pro Flasche
besorgen.

Wir gedenken an dortigem Platze ebenfalls eine Abga-
bestelle zu errichten und erlauben uns daher bei Ihnen
anzufragen, ob Sie geneigt wären, die Weinabgabe zu
obigem Vergütungssatze zu übernehmen.

Der Wein würde Ihnen von der Firma Ueberle u. Ritz-
haupt dafür franco geliefert; der Preis desselben stellt
sich pro Flasche ohne Glas: Für Rothwein »San Michele«
auf 65 Pf. Für Weißwein: »Markgräfler Kastelberger«
86 $^{2}/_{10}$ Pf.

Die Abgabe hätte gegen aerztliche Anweisungen zu ge-
schehen, welche dann in geeigneten Zeitabschnitten an
obige Firma behufs Abrechnung einzusenden wären.

Der Empfänger des Weins hat für die Flasche den Betrag
von 10 Pf. zu deponieren, welcher bei Rückgabe derselben wieder ausgefolgt wird.

Wir sehen einer gefl. Antwort baldigst entgegen.

XI. WEIN DES ALTERS

Einer der bekanntesten Vertreter der Anakreontik, die um die Mitte des 18. Jahrhunderts Liebe und Wein in anmutiger Lyrik pries, war FRIEDRICH VON HAGEDORN *(1708–54). Im folgenden Gedicht läßt er die Neigungen zum Wein und zur Liebe miteinander rivalisieren und gelangt zu weisen »Alters-Erkenntnissen«.*

WEIN UND LIEBE

Nein, Liebe, nein! dir gilt nicht dieses Lied;
Es soll mit Bacchus Ruhme prangen,
Was mich erweckt, und was man hier ersieht,
Ist wichtiger als weiß' und rote Wangen.
Ein jedes Glas, das diese Tafel ziert,
Verbannt das blinde Kind, und macht
       aus Freunden Brüder,
Und wer bei dir oft Herz und Witz verliert,
Dem gibt der Wein Verstand und Freiheit wieder.

Was hat vordem die Deutschen groß gemacht,
Von deren Mut auch Feinde melden?
Sie flohen dich, und zechten vor der Schlacht:
Und dies allein, dies machte sie zu Helden.
Das Alter selbst verjünget sich durch Wein.
Wann Eintracht, Lust und Durst mit vollen
       Stutzern winken;
Und würden nicht auch Götter sterblich sein,
Wenn Götter nicht stets ihren Nektar trünken?

Was macht gelehrt? Was nutzet einem Staat?
Was suchen alt' und neue Weisen?
Was fehlt dem Hof, der so viel Edles hat?
Was müßten auch die größten Dichter preisen?
Die Wahrheit ist's. Man trifft sie selten an;
Doch wird sie dir gewiß ein echter Säufer sagen:
Und wer sie nicht beim Trunk entdecken kann,
Sucht sie umsonst den Schönen abzufragen.

Die Schönheit ist der Falschheit stolzer Sitz,
Und jedes Jahr schwächt ihre Stärke.
Doch tut der Wein durch eingeflößten Witz,
Im Alter erst die größten Wunderwerke.
Wie oftmals täuscht das Schmeicheln die Vernunft?
Wie sklavisch wird ein Mund, der lächelnd trügt,
                                        verehret?
Doch dieser Wahn verschont die freie Zunft,
Die stets ihr Glas in *einem* Zuge leeret.

So wollt' ich einst, bei jubelvoller Lust,
Des Weines Lob der Welt erzählen;
Doch rührte bald ein andrer Trieb die Brust,
Doch mußten bald die besten Worte fehlen.
Nein, Bacchus, nein! dir galt nicht mehr
                                mein Lied;
Die junge Phyllis kam gegangen;
Und man erblickt, wo so viel Liebreiz blüht,
Nichts Wichtigers, als ihre schöne Wangen.

September. Monatsbild von Gerhard Hoerenbout d. J.,
um 1510

Daß er dem »Zauberer Wein« dankbare Zeilen gewidmet habe, hätte man von GEORG BÜCHNER *(1813–37) nicht unbedingt vermutet. Der Naturwissenschaftler, Mediziner und politische Kämpfer, Verfasser von »Dantons Tod« und des »Woyzeck«, schrieb aber auch das romantische Lustspiel »Leonce und Lena«, und darin läßt er Valerio sagen:*

Ergo bibamus! Diese Flasche ist keine Geliebte, keine Idee, sie macht keine Geburtsschmerzen, sie wird nicht langweilig, wird nicht treulos, sie bleibt eins vom ersten Tropfen bis zum letzten. Du brichst das Siegel, und alle Träume, die in ihr schlummern, sprühen dir entgegen.

Ähnliches gilt für ERNST BLOCH *(1885–1977), den Philosophen, der den Friedenspreis des Deutschen Buchhandels erhielt und das »Prinzip Hoffnung« entwickelte. Wie schon Goethe bekannte er:*

Wein und Beutel bleiben dem trivialen Alter als das ihm bleibend Erwünschte, und nicht immer nur dem trivialen. Wein, Weib und Gesang, diese Verbindung löst sich, die Flasche hält länger vor. Fiducit, fröhlicher Bruder; deshalb wirkt auch ein alter Trinker schöner als ein alter Liebhaber.

WEIN

Wenige Gedichte über den Wein sind so inhaltsreich, persönlich in der Aussage und doch zeitlos wie diejenigen von GEORG BRITTING *(1891–1964). Seinen »Freunden vom Stammtisch unter den Fischen« gewidmet ist auch das Poem auf den roten Wein:*

LABSAL DES ALTERS

Weißer Wein, der unruhig übers Glas drängt,
Perlend wie der Wortschwall der Mädchen, wenn sie
Aug in Auge mit dem Ersehnten ihre
Liebe verbergen,

Honigfarbner, koboldisch glühend, wenn der
Taumel rast bei Hochzeit und Taufe, mondschein –
Gelber, zarter, voll von Empfindung wie der
Vers eines Dichters,

Und der grüne, Hoffnungen weckend, grün wie
Morgenduft des kommenden Freudentages,
Ist der rechte Trunk für die Jugend, für die
Glänzenden Männer.

Doch der rote, Herz und die Glieder wärmend,
Dunkler, aus der Landschaft Burgund, der süßen,
Oder sanfter Wein von Bordeaux gehört den
Späteren Tagen,

Der schon still verzichtenden Weisheit – nicht zu
Sprung und Taten reizt er das alte Blut, er
Gibt ihm, das schon langsamer hinrollt, Kraft und
Schönes Gefälle,

Macht das ungesellige Zimmer rosig,
Bringt die schon gegangenen Freunde wieder:
Glück des grauen Hauptes, das einsam hinlebt,
Labsal des Alters!

Rotwein – Medizin und Freude des Alters. Hierzu bekennt sich auch der Herausgeber aus Erfahrung und Überzeugung:

… LINDERT DAS ALTERSZIPPERLEIN

Wer Wein trinkt, der hat allemal
Im Rebenland die Qual der Wahl –
Beim Azubi in Sachen Wein
Stellt bald sich die Erkenntnis ein,
Ob weiß, ob rot ist eine Frage
Von Alter, Anlaß, Seelenlage:

Willst du mit Charme und Witz brillieren,
Lachen, lieben, keß parlieren
Und rund um die Sterne kreisen –
Dann, lieber Freund, dann trinke Weißen.

Doch wirst du langsam rund und mollig,
Bist du nicht mehr ganz so rollig,
Sprichst du öfters auch vom Tode –
Dann schmeckt Dir immer mehr der Rote!

Roter Wein, mein Freund, das merk' sehr,
Kreislauf, Herz und Nerven stärkt er,
Und schläfst als Single du im Bettchen,
Dann wärmt *er* dich statt Nanettchen!

Selbst die Nasen von Kaplanen
Und Dekanen lassen ahnen,
Daß auch sie, die Zölibatären,
Nicht nur Marie selbdritt verehren,
Weil wer Weines Gnad' vertraut,
Direkt in den Himmel schaut!

Rotwein entspannt und macht dich stille,
Schmeckt viel besser als Kamille,
Und auch Fenchel, altbewährt,
Ist als Ersatz total verkehrt.
Denn nur des roten Weines Wallung
Sorgt auch für *seelische* Beschallung.

Man muß auf's Leben nicht verzichten,
Nur noch Gesangbuchverse dichten:
Das hat der Herrgott gut gemacht,
Daß er der Alten hat gedacht
Und ihnen roten Wein geschenkt,
Der überhöhten Blutdruck senkt,
Arterien, Magen, Darm verwöhnt
Und auch die Psyche sanft versöhnt.

Allzeit lindert der rote Wein
Jedwedes Alterszipperlein!

Joseph von Lauff: Weinkundiger Pfarrer

XII. KURIOSES RUND UM DEN WEIN

Was auf den folgenden Seiten berichtet wird, könnte von einem weinbeflügelten Lügenbaron stammen, so unglaublich liest es sich. Aber es ist alles »reine Wahrheit« – warum auch sollte Wein nur immer weihevoll geschlürft werden? Witz und Phantasie regt er an wie kein anderes Getränk, macht lustig und einfallsreich.

Im »LALEBUCH«, einer Schwanksammlung mit verschiedenen Orten zugeschriebenen Narrenstreichen, wurden 1598 auch die »Schildbürger« (Titel der Neuausgabe) dargestellt, deren Narrheiten sprichwörtlich wurden.
Darin wird auch geschildert, wie der Klügste im Rat von Schilda die Züchtung von Kühen vorschlug, die nicht Milch, sondern Wein geben sollten. Die Bürger von Schilda waren von dieser Idee begeistert. Im Herbst trieben sie die Kühe statt auf die Weide in die Weinberge. Die hungrigen Tiere fraßen dort, da ihnen das Gras vorenthalten war, die reifen Trauben. Als sie dann später gemolken wurden, war es zwar kein Wein, der aus den Eutern floß, wohl aber eine Milch, die anregend wirkte. Dieser Wein-Milch, so heißt es, verdankten die Schildbürger Klugheit und Witz. Ihre Narrenweisheit wurde weltweit bekannt, Fürsten holten sie als Berater an ihre Höfe, und der Kaiser verlieh ihnen ein Privileg in Anerkennung ihres Narrentums.

STUNDENWEIN

Bei einem Wirt des württembergischen Dorfes Flein können an gewissen Wochentagen ausgepichte Weintrinker für 2,50 DM so viel Rotwein trinken wie sie wollen. Dieses großzügige Angebot ist allerdings an die Bedingung geknüpft, daß die trinkfreudigen Kunden in weinseliger Stimmung nicht aus den Pantinen kippen. Wer sich nicht zu betragen weiß und durch sein Benehmen Ärgernis erregt, bekommt keinen Tropfen mehr und muß 10,– DM in eine Sühnekasse zahlen, mit der jener ideenreiche Wirt, der seine Pappenheimer zu kennen scheint, sein Geschäft vor einer Unterbilanz bewahrt.

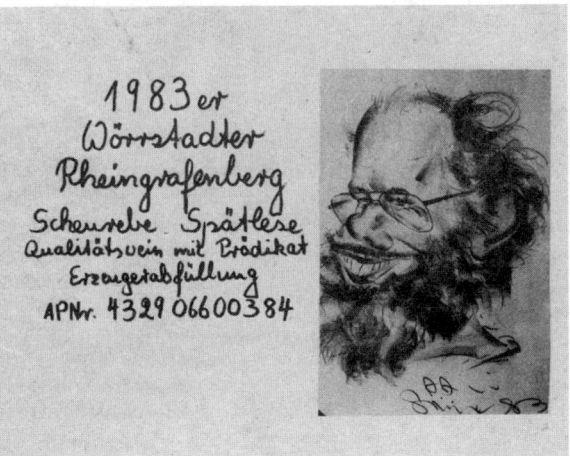

1983er
Wörrstadter
Rheingrafenberg
Scheurebe Spätlese
Qualitätswein mit Prädikat
Erzeugerabfüllung
APNr. 4329 06600384

Ähnliche Erscheinungen gab es schon im vorigen Jahrhundert. Im Jahre 1897 – man schenkte den 96er aus, das Ergebnis eines völlig verregneten Sommers – gab es in Johannisberg (Rheingau) den Liter Wein für 30 Pfennig. Beim »Duttemichel« konnte man einen $5/10$-Schoppen für 15 Pfennig trinken, und ein Käsebrot gab es gratis. In der Pfalz stand an einer Straußwirtschaft angeschrieben: »Die Stund für fuffzig Penning.«

Sogenannten »Stundenwein« gab es in erntereichen Jahren bereits im späten Mittelalter. Man bezahlte in einer Weinschenke einen Platz für die Dauer einer Stunde und durfte während dieser Zeit so viel Wein trinken wie man wollte. In seinen »colloquia« stellt der berühmte Humanist Erasmus von Rotterdam u. a. fest: »Die besser trinken, sind den Wirthen angenehmer, obgleich sie um nicht mehr zahlen, als jene, die sehr wenig trinken.«

Die Natur läßt nicht in jedem Jahr die Trauben so reif werden, daß ein wohlschmeckender Wein daraus bereitet werden kann. Die moderne Kellerwirtschaft kann solchen Mängeln auf natürliche Weise abhelfen. Einst aber gab es des öfteren recht »saure Weine«. Auf unnachahmliche Weise machten die Berliner sich über deren Wirkung lustig:

BERLINER WEIN-KARTE

1. *Fahnen-Wein*. Wenn man een eenziges Achtel über de Fahne jießt, so zieht sich das janze Rejement zusammen.

2. *Schul-Wein*. Diese Droppen sind ein sicheres Mittel, die nich wißbejierjen Kinderkens in de Schule zu jagen, indem man ihnen die Alternatiefe stellt, entweder ihre Pflicht zu dun, oder zu drinken.

3. *Drei-Männer-Wein*. Wenn diesen, in der herrlichen Jegend bei Brandenburg jewonnenen Traubensaft een Mann jenießen soll, so müssen ihm zwee andere halten.

4. *Masken-Wein*. Diese intressante Feuchtigkeit, welche aus den Weinberjen Hinterpommerns entspringt, ist jut zu benutzen, bevor man in'n Winter uf de Redoute jeht, indem man solche Jesichter danach schneid't, daß einen keen Mensch erkennen kann, selbst keen Polzeizerjant.

5. *Wende-Wein*. Schmeckt äußerst pikant, muß jedoch sehr vorsichtig, und besonders nich vor den Schlafenjehn jenommen werden, da er sich, wendet man sich nich alle zehn Minuten im Bette um, *durchfrißt,* was sehr störend is.

6. *Telegraphen-Wein*. Wenn man von diesen Labetrank einen Droppen uf des Pflaster der Dorotheenstraße jießt, so schlägt der Berliner Telejraph die Hände über'n Kopp zusammen, und drückt die Worte: »Jott, wie wird mich?« bis Cöln aus, von wo aus wieder eine ähnliche nützliche Nachricht kommt.

7. *Gubener Studir-Wein*. Dieses Jeränk wird wenijer für de Kehle, als für de Wissenschaft benutzt. Will

ROTER TEUFEL

1977er
Gleiszeller
Kloster
Liebfrauenberg

QUALITÄTSWEIN

ROT

A.P.-Nr. 50050384479

SONDERABFÜLLUNG FÜR DEN 1.FC KAISERSLAUTERN VON DER SÜDLICHEN WEINSTRASSE

man sich vor einer notwendijen Arbeit, zum Beispiel vor's Examen, nich durch Verjnüjungen ablocken lassen, sondern ochsen, damit man später en juter Beamter wird, so tröppelt man eenen Eßlöffel von die Sorte uf seinen Arbeitsstuhl un setzt sich oojenblicklich nieder. Man klebt uf acht bis neun Dage fest, und es is mit Jefahr und andern Unannehmlichkeiten verbunden, sich loszureißen.

8. *Kriminal-Wein.* Wenn man zwölf Flaschen dieser moralischen Sorte in ein Jefängniß legt, so jestehen am Dage sämtliche Verbrecher. Auch die Demajogen jestehen.

9. *Literatur-Wein.* Von dieses auf der Jrüneberjer Schattenseite jewonnene Traubenblut drinkt man Morjens und Abends ein Achtel. Er besitzt eine so merkwürdige feine Säure, deß man nach seinen rejelmäßijen Jenuß sojar die Werke des Königs Ludewig von Baiern für poetisch hält.

118

10. *Frommer gemischter Bocksbeutel*. Dieser Wein hat eine so berauschende Kraft, daß man nach den Jenuß eines Spitzjlases vor Verzweiflung hin und her loost, sich überjibt, Kreuzritter und Jesuit wird.
11. *Meißner Versöhnungs-Wein*. Wenn man ein Jlas dieses Jetränks auf die Akten eines Prozesses jießt, so ziehen diese zwar die Flüssigkeit *ooch* nach sich, aber die Parteien versöhnen sich oojenblicklich.
12. *Brandenburger Oktroyirungs-Wein*. Diese Sorte, die einen teuflischen Jeschmack hat, is von so jefährlicher Wirkung, deß man nach wenije Droppen schon *zufrieden* wird, sich *überjibt* un – nach Erfurt wählt.

In einem alten Buch steht zu lesen, wie einem Anonymus vor lauter Weinseligkeit offenbar nur noch Worte einfielen, die mit »w« anfangen:

WENN WEIN WITZ WECKT

Warum wider Willen Wasser wünschen, wenn Wein wohlfeil werden wird? Wer wird widerstreben, wenn wir wissen, wie wonnig wohlgemut wir werden, wenn Wein wahren Witz weckt, wildes Weh wie Wunder wandelt.

Wehe windigen Weinwirten, welche Wein, wie weiland wirre Wiedertäufer, wässern!

Weinkönig von Martinsthal

Der 27jährige Theologiestudent Clemens Weissenberger als „Weingott Bacchus" im Weinberg in Martinsthal im Rheingau. Weil sich in dem 1200-Seelen-Ort keine junge Frau für den Job der Weinkönigin fand, wurde die Idee vom „Weinkönig" geboren.

Wein und Kunst passen gut zueinander, solange nicht die Wirkungen des Weines Objekte künstlerischen Schaffens gefährden. Davon zeugt ein nicht zufällig in roter Farbe gehaltener Hinweis, den das Landesmuseum Mainz in der mit antiken Ausstellungsstücken ausgestatteten Steinhalle beim alljährlich dort veranstalteten »Weinforum« (Verkostung prämierter Weine) anbrachte:

MUSEALER HINWEIS

Wichtiger Hinweis – zur gefälligen Beachtung !!

Aus gegebener Veranlassung bitten wir, Speisen nur in dem dafür vorgesehenen Bereich der Gastronomie zu verzehren, um Beschädigungen der Exponate des Museums zu vermeiden.

Weingenuß ist eine Frage der Qualität und nicht der Quantität. Damit sich keine Ausfallerscheinungen durch übermäßiges Genießen einstellen, behalten wir uns vor, bei offensichtlicher Nichtbeachtung vom Hausrecht Gebrauch zu machen.

Die Veranstalter

XIII. APPETITLICHES UND WISSENSWERTES

*Wein begleitet uns durch das ganze Jahr. Wohl ausge-
wählt, wird manche Flasche Wein in üppigen Zeiten
krönender Höhepunkt eines guten Essens sein. Der Wein
kann aber auch selbst einfachsten Gerichten den Hauch
des Besonderen verleihen.* IRMGARD KOCH *empfiehlt die
folgenden Rezepte.*

REZEPTE MIT WEIN

Getränke

*Nicht nur Speisen werden verfeinert oder ganz mit Wein
zubereitet. Auch vielseitige Getränke lassen sich auf der
Basis von Wein kreieren:*

Frühling: **Maibowle**

1 Sträußchen	Waldmeister
1	ungespritzte Zitrone
1	kernlose Apfelsine
4–8 St.	Würfelzucker (nach Belieben)
2 Fl.	leichten Weißwein
1 Fl.	Sekt

Der junge, noch nicht blühende Waldmeister, der am
Tag vorher gepflückt sein sollte, wird mit den Köpfen
nach unten in ein Gefäß mit Wein eingehängt. Ebenso
die spiralförmig abgeschälte Zitrone. Nach 15 Minuten
die Kräuter entfernen und die in Scheiben geschnittene
Apfelsine zufügen. Kurz vor dem Servieren den gut
gekühlten Sekt hinzugeben.

Sommer: **Kullerpfirsich**

> kleine, reife Pfirsiche
> Wein nach Bedarf

Die Pfirsiche werden rundum mit einem Holzstäbchen eingestochen, in ein größeres Glas gegeben und mit leichtem Weißwein übergossen.

Herbst: **Eierwein**

¾ l	weißen oder roten Wein
3 EL	Traubenzucker
3	Eidotter
1 Prise	Muskat

Das Eidotter, der Traubenzucker und der Muskat werden gut verrührt und mit dem Wein unter ständigem Schlagen mit dem Schneebesen aufgefüllt. (Es ist dies ein sehr stärkendes Getränk, das man mit mehr Eigelb – auf ¼ l Wein 2 Eidotter – auch Kranken und Genesenden empfiehlt.)

Winter: **Glühwein**

1 Fl.	Wein, rot oder weiß
100 g	Zucker oder Honig
1 St.	Stangenzimt
1	Sternanis
4	Nelken
1	Zitrone

Den gesüßten Wein mit den Gewürzen langsam zum Sieden bringen – nicht kochen! Dann wunschweise Zitronensaft beifügen oder 1 Scheibe Zitrone in das Gefäß geben.

Suppen

In vielen Suppen wirkt der Wein geschmacksabrundend. Die Suppe mit Wein kann aber auch zu einem Hauptgericht werden, wie die herbstliche Weinsuppe, wenn man sie mit Weißbrot oder gedünsteten Kartoffeln serviert.

Frühling: **Kräutersuppe**

4 Scheiben	trockenes Weißbrot
2	Eigelb
	Muskat
1 l	Fleischbrühe
¼ l	Wein
4 EL	{ Kerbel / Sauerampfer / Petersilie
	Butter zum Anschwitzen

Die Kräuter fein hacken (einen Teil zum Garnieren beiseite stellen), in der ausgelassenen Butter leicht anschwitzen lassen, die Fleischbrühe zugeben und kurz aufkochen. Das geriebene Weißbrot zugeben, langsam weiterkochen, bis die Suppe gebunden ist. Den Wein mit dem Eigelb vermischen und unterziehen. Mit Muskat abschmecken und kurz vor dem Servieren noch einmal frische Kräuter darüberstreuen.

Sommer: **Hühner-Riesling-Kraftbrühe (kalt)**

1 l	Geflügelbrühe, nach eigenem Rezept zubereitet oder vorgefertigt
½ Tasse	Weißwein

Die kräftige Geflügelbrühe sollte am Tag vorher zubereitet und völlig fettfrei sein. Der nicht zu herbe Wein muß unmittelbar vor dem Servieren untergezogen werden.

Herbst: **Weinsuppe**

- ½ l Wasser
- ½ l Weißwein
- Schale einer Zitrone
- 100 g Zucker
- 50 g Stärkemehl, 4 EL Wasser
- 2 Eiweiß
- 2 Eigelb, 1 EL Wasser
- Zimt

Wasser und Zitronenschale aufkochen. Wein zugeben, wiederum kurz aufkochen. Das angerührte Stärkemehl zufügen und gut durchkochen lassen. Eigelb mit Wasser verquirlen und unter ständigem Rühren zugeben. Das zu steifem Schnee geschlagene Eiweiß als kleine Klößchen aufsetzen und mit Zimt bestäuben.

Winter: **Ochsenschwanzsuppe**

- 500 g Ochsenschwanz
- einige Kalbsknochen
- 50 g Butter oder Margarine
- Wurzelgemüse
- Tomatenmark
- ¾ l Weißwein
- 2 TL Speisestärke
- Salz, Pfeffer, Paprika
- 1 l Brühe
- 100 g Champignons

Ochsenschwanz in Stücke schneiden, zusammen mit Kalbsknochen, Wurzelgemüse, Pfeffer und Salz in Fett anbraten. Tomatenmark zugeben, ebenso ein Viertel des Weißweins. Aufkochen, bis das Fett geklärt ist. Dann 1 l Brühe und den Rest des Weines zufügen. Kochen, bis das Fleisch sich vom Knochen lösen läßt. Die Brühe durchseihen, mit in Rotwein angerührter Speisestärke andicken. Blättrig geschnittene Champignons und die Ochsenfleischstückchen als Einlage beifügen. Mit Paprika und Rotwein abschmecken.

Fleisch und Fisch

Ob Geflügel, Schweine- oder Rindfleisch, Wild oder Fisch, immer rundet ein wenig Wein ein Gericht ab. Wenn möglich, sollte man denselben Wein zum Essen reichen.

Frühling: **Hähnchenbrust in Wein-Sahnesoße**

4	Hähnchenbrüstchen
100 g	Butterschmalz
	etwas Zitronensaft
12–16	Salbeiblätter
	Salz, Pfeffer
4	dünne Scheiben gekochter Schinken
200 g	frische Champignons
¼ l	Weißwein (wahlweise ⅛ l Brühe und ⅛ l Weißwein)
200 g	süße Sahne

Die Hähnchenbrustfilets mit Zitronensaft beträufeln und in 40 g Butterschmalz rundum anbraten. Mit Salz und Pfeffer einreiben und in eine gebutterte Auflaufform legen. Die Salbeiblätter darauf verteilen und mit dem Schinken bedecken. Die in Scheiben geschnittenen Champignons in Butterschmalz andünsten und die Sahne zugießen. Abschmecken und über die Filets geben. Die Auflaufform in die Mitte des vorgeheizten Ofens setzen und 20–30 Minuten bei 200 °C garen.

Sommer: **Rotweinschinken in Brotteig**

1 ½ kg	gekochter Schinken
1 l	Rotwein
4	Zwiebeln
3	Gewürznelken
4	Wacholderbeeren
4	Pfefferkörner
1 ½ kg	Mischbrotteig vom Bäcker
	Johannisbeergelee

Die Zwiebeln fein hacken, die Gewürze zerstoßen. Alles mit dem Wein verrühren und bis kurz vor dem Kochen erhitzen. Noch heiß über den Schinken gießen. In einer bedeckten Schüssel mindestens 1 Tag durchziehen lassen. Dann den Schinken herausnehmen, gut abtropfen lassen und in den ausgerollten Brotteig wickeln. Bei etwa 200 °C auf der mittleren Schiene etwa 45 Minuten backen. Aus der Marinade und dem Mehl eine würzige Soße bereiten, die man mit Johannisbeergelee abschmecken kann.

Herbst: **Rehrücken mit Trauben und Apfelscheiben**

1	Rehrücken
150 g	Speck
	Pfeffer, Salz
4 EL	Öl
	Wurzelgemüse: Karotten, Sellerie,
	Petersilienwurzel, Zwiebel
¼ l	Weißwein
1 EL	Essig
3	Wacholderbeeren
1	Lorbeerblatt
	Pfeffer
	Zitronensaft
	etwas saure Sahne
1 EL	Butter
	Trauben und Apfelscheiben

Den sorgfältig gehäuteten Rehrücken mit dem Speck spicken, pfeffern, salzen und im Öl anbraten. Das kleingeschnittene Gemüse neben den Rücken geben und leicht mit anrösten.

Den Bräter in den vorgeheizten Backofen setzen und dort unter fleißigem Begießen bei 200 °C etwa 20 Minuten braten. Aus dem Ofen nehmen. Den Rehrücken in Alufolie wickeln und warm stellen.

Den Fond mit dem Wein ablöschen, Gewürze und Lorbeerblatt zugeben und einkochen lassen. Die Soße passieren, mit etwas saurer Sahne abrunden.

Von dem Rehrücken die Filets lösen, in Scheiben schneiden und wieder aufsetzen. Dicke weiße, geschälte Trauben und Apfelscheiben in Butter anbraten und den Rehrücken damit garnieren.

Winter: **In Wein gedämpfter Kabeljau**

1 kg	Kabeljau
	Zwiebel, Karotten, Lauch
	Salz, Pfeffer
¼ l	Weißwein
150 g	Butter
	einige Zitronenscheiben

In einen passenden Topf gibt man den Wein, das Gemüse und die Gewürze und kocht dies zugedeckt, bis das Gemüse fast weich ist. Erst dann den Fisch darüberlegen. Topfdeckel schließen und etwa 15 Minuten sieden lassen (nicht kochen!). Dann den Fisch und das Gemüse herausnehmen, warm stellen und die verbliebene Brühe fast völlig einkochen (bis auf 1 EL). Die Butter in einem kleinen Topf schmelzen lassen und die Kochflüssigkeit unter Rühren zugeben. Zitronenscheiben dazulegen und servieren.

Desserts und Gebackenes

Wein verträgt sich gut mit Süßem und auch mit Früchten, selbst Kuchen und Weihnachtsgebäck mit Wein sind etwas Besonderes.

Frühling: **Roh gerührte Weincreme**

¼ l	Weißwein
4	Eier
100 g	Zucker
1 Päckchen	weiße Gelatine
1	Zitrone
200 g	Schlagsahne

Eigelb mit Zucker schaumig schlagen. Abgeriebene Zitronenschale und etwas Zitronensaft hinzugeben. Unter ständigem Schlagen langsam den Weißwein dazugießen. Die Gelatine nach Vorschrift auflösen und unterrühren. Die Creme kalt stellen. Wenn sie fest zu werden beginnt, den steifgeschlagenen Eierschnee unterziehen und sofort in Schalen oder Gläser füllen. Wieder gut kühlen. Vor dem Servieren nach Belieben garnieren (mit Trauben, Früchten oder Schlagsahne).

Sommer: **Rotwein-Kirschen mit Sago**

500 g	Sauerkirschen
60 g	Zucker
½ l	kräftiger Rotwein
	Zitronenschale
1 Becher	Schlagsahne
2 EL	Zucker
2 EL	gemahlene Mandeln
60 g	Perlsago (für ½ l Flüssigkeit)

Sauerkirschen entsteinen, zuckern und mit dem Rotwein übergießen. Etwa 1 Stunde ziehen lassen. Dann den Kirsch-Rotwein-Saft abseihen, ½ l abmessen und zum Kochen bringen. Den Sago einstreuen und aufkochen lassen. Die Kirschen zufügen und bei niedriger Hitze etwa 15 Minuten ausquellen lassen, dann auskühlen. Aus der Sahne, dem Zucker und den Mandeln eine Mandelsahne herstellen und mit den Rotweinkirschen servieren.

Herbst: **Apfel-Wein-Kuchen**

Für den Mürbeteig

125 g	Butter
125 g	Zucker
1	Ei
1	Vanillezucker
250 g	Mehl
2 TL	Backpulver

Für den Belag

¾ l	Riesling-Wein
200 g	Zucker
2	Vanille-Puddingpulver
1–1½ kg	Äpfel
2 Becher	Sahne

Aus den Kuchenzutaten einen Knetteig herstellen. Eine Springform von etwa 26 cm Durchmesser auslegen, den Teig auf dem Boden ausdrücken und den Rand hochziehen. Die Äpfel schälen, teilen und darauf legen. Wein und Puddingpulver zu Pudding kochen und über die Äpfel gießen. Den Kuchen 1½ Stunden bei 175 °C backen und im Ofen erkalten lassen. 2 Becher Sahne schlagen und auf den Kuchen geben.

WEIN

Winter: **Weinkränzchen – ein Weihnachtsgebäck**

Für den Mürbeteig

300 g	Mehl
300 g	Fett
50 g	Zucker
1	Eigelb
	Zitronenschale
3 EL	Wein

Für den Belag

Eigelb zum Bestreichen
Zucker
Mandeln

Aus den Mürbeteigzutaten einen glatten Teig kneten, etwas ruhen lassen. Ungefähr 3 mm stark ausrollen, Kränzchen ausstechen, mit Eigelb bestreichen und mit einem Gemisch aus Mandeln und Zucker bestreuen. Hellgelb backen. Die Plätzchen sind zerbrechlich, aber sehr gut.

DIE WEINJAHRGÄNGE SEIT 1660

1660 kalter Winter, heißer Sommer, sehr guter Wein
1661 sehr gut und sehr teuer

1662 schlechtes Jahr, mäßige Qualität
1663 mittelmäßiger Jahrgang
1664 regnerisch, Herbstfrost, Fehljahr

APPETITLICHES UND WISSENSWERTES

1665 nasser Sommer, mittlere Qualität

1666 Frühjahrsfrost, gute Qualität und Menge

1667 mittelmäßige Ernte

1668 sehr strenger Winter, nasse Sommermonate, keine besondere Qualität

1669 heißer und trockener Sommer, sehr gut und sehr teuer

1670 sehr guter Wein und mittelmäßige Quantität

1671 Frostschäden, mittelmäßig

1672 schlechte Sommermonate, reiche, weniger gute Qualität

1673 gleiche Qualität

1674 Winterschäden, mittelmäßig

1675 Herbstfrostschäden, keine gute Qualität

1676 Hauptjahr, viel und gut

1677 mittlere Qualität

1678 sehr gut und sehr teuer

1679 naß, viel, aber gering

1680 guter Wein

1681 wenig, aber besserer Wein

1682 nasses Jahr, weniger gut

1683 mittelmäßig und wenig

1684 sehr heiß, ausgezeichnete Qualität

1685 schlechtes Jahr, sauer

1686 sehr guter Wein

1687 viel, aber weniger gut

1688 mittlere Menge und Qualität

1689 gut

1690 mittlere Qualität, aber viel

1691 sehr wenig, mittelmäßig

1692 kalt und naß, wenig

1693 wenig und nicht zufriedenstellend

1694 nasser Sommer, viel und gut

1695 wenig und gering

1696 wie 1695

1697 mittlere Qualität

1698 guter Sommer, keine gute Qualität

1699 Quantität und Qualität sehr gut

1700 abermals guter Wein

1701 gute Qualität

1702 mittlerer Ertrag

1703 mäßig, aber gut

1704 wenig, aber gut

1705 mittlere Qualität, ziemlich

1706 ausgezeichneter Wein

1707 guter Wein

1708 mittlere Qualität

1709 alles erfroren in dem kalten Winter

1710 ähnlich wie 1707

1711 mittelmäßig

1712 **gut und sehr viel wie selten**
1713 schlechtes Jahr
1714 mittelmäßig
1715 gute Qualität
1716 unreif, sauer
1717 mittlere Güte, aber wenig
1718 **besonders guter Wein**
1719 **ausgezeichnete Qualität, sehr kostbar**
1720 mittelmäßig
1721 wenig, sauer
1722 etwas besser als 1721
1723 **kostbar und reiche Ernte**
1724 sehr späte Lese, mäßig
1725 guter Wein
1726 **wenig, aber sehr gut**
1727 **besonders gut**
1728 **gute Wiederholung**
1729 **noch besserer Wein**
1730 naßkaltes Jahr, sauer
1731 mittelmäßige Qualität
1732 Fehljahr
1733 Maifrost, etwas besser
1734 mittelmäßig, wenig
1735 naß, Fehljahr
1736 **sehr gut**
1737 günstig in Qualität und Ertrag
1738 **kostbar, besser als 1736**
1739 viel, mittlere Qualität
1740 sehr kalter und langer Winter, starke Frostschäden, teilweise wurde nicht gelesen

1741 nicht viel, aber doch gut
1742 nicht viel, wenig Reife, doch trinkbar
1743 gute Mittelqualität
1744 guter Wein
1745 schlechte Ernte, aber gut
1746 nicht der Beste
1747 ziemlich viel, mittelmäßig
1748 **ausgezeichnet**
1749 Maifröste, wenig, aber gut
1750 ziemlich gut
1751 Quantität, mittel
1752 mittelmäßig
1753 **guter Sommer und Herbst, viel und gut**
1754 mittlere Qualität
1755 wie 1754
1756 nasser Sommer, mittelmäßig
1757 nasser Herbst, mittelmäßig
1758 ziemlich gut
1759 **sehr gut**
1760 heiß, viel und gut
1761 mittlere Ernte
1762 **häufig Gewitter, viel und sehr gut**
1763 nasses Jahr, wenig und nicht gut
1764 schlechte Blüte, mittelmäßig
1765 wenig und nicht gut
1766 **sehr viel und delikat**
1767 Fehljahr

1768 mittelmäßig
1769 nicht viel
1770 naßkalt, nicht gut
1771 schöner Herbst, mittelmäßig
1772 viel, aber mittelmäßig
1773 ziemlich gut
1774 nicht viel, aber gut
1775 kostbar und sehr gut
1776 mittelmäßig
1777 ziemlich gut
1778 mittelmäßig
1779 sehr gut und viel
1780 guter Wein
1781 gut und kostbar
1782 ziemlich, aber sauer
1783 Jahrhundertwein, delikat durch Edelfäule
1784 wenig, aber gut
1785 mittelmäßig
1786 wieder mittelmäßig
1787 ziemlich, aber gering
1788 edel und kostbar
1789 naß und kalt, mittlere Güte
1790 mittelmäßig
1791 trockener Sommer, Menge verschieden
1792 wenig und nicht der Beste
1793 nicht viel, aber gut
1794 viel und gut, Kriegsschäden
1795 mittelmäßig
1796 mengenmäßig gut, mittlere Güte
1797 mittelmäßig
1798 sehr gut

1799 große Winterschäden, Fehljahr
1800 ziemlich gut, teuer
1801 mäßig, aber gut
1802 sehr gut
1803 leichter Tischwein
1804 sehr viel und gut
1805 kalter Winter, Fehljahr
1806 mittelmäßiger Wein, teuer
1807 sehr gut, aber nicht viel
1808 mittelmäßig, nasser Herbst
1809 naßkalt, wenig und sauer
1810 wenig, mittlere Güte
1811 hervorragende Gewächse
1812 mittelmäßig
1813 wenig, aber besser als 1812
1814 sehr wenig und gering
1815 mäßig, aber gut
1816 verregneter Sommer, schlecht
1817 wenig, unausgereift
1818 guter, mittelmäßiger Wein
1819 gut und viel, fast wie 1811
1820 ungünstiger Sommer, sehr wenig
1821 Fehljahr
1822 sehr viel und sehr gut
1823 wenig und sauer
1824 Fehljahr

1825 **gut, sehr zart, ziemlich viel**
1826 geringer als 1825, viel
1827 Kälteschäden, wenig, aber gut
1828 mittlere Güte
1829 viel Wein, aber gering
1830 Kälteschäden, wenig und nicht gut
1831 ziemlich viel, gut
1832 mittelmäßige Ernte
1833 mittelmäßig, rauh
1834 **annähernde Qualität von 1811**
1835 **viel, guter, zarter Wein**
1836 ziemlich viel, mittelmäßig
1837 viel, aber gering
1838 etwas besser
1839 mehr, aber gering
1840 Fehljahr
1841 kalt und naß, mittel
1842 **sehr guter Wein, süß**
1843 wenig und gering
1844 **mittel, große Qualität**
1845 ziemlich viel, aber sauer
1846 **ausgezeichneter Jahrgang**
1847 geringer Wein
1848 ziemlich viel, guter Wein
1849 mittlere Qualität
1850 viel, aber mäßige Qualität
1851 sehr ungünstig
1852 wenig, mittelmäßig

1853 mittlere Qualität
1854 wenig, mittelgut, teuer
1855 mittlere Güte
1856 wenig und gering
1857 **ausgezeichneter Jahrgang**
1858 **ähnlich wie 1857**
1859 **ebenso**
1860 ziemlich viel, aber unreif
1861 **besonders guter Wein, wenig**
1862 **viel und sehr gut**
1863 mittelmäßig
1864 dito
1865 **vorzüglicher Jahrgang**
1866 guter Mittelwein
1867 gering, aber viel
1868 **viel und sehr gut**
1869 mittlere Ernte
1870 gut, mittelmäßige Ernte
1871 Kälteschäden, geringer Jahrgang
1872 Fehljahr, fast nichts geerntet
1873 Frühjahrsfröste, sehr wenig
1874 viel und gut
1875 **günstige Witterung, gute Ernte**
1876 mäßiger Ertrag, aber gut
1877 im Herbst Frost, große Ernte, Qualität mäßig
1878 nasses Jahr, wenig und gering

1879 kalter Sommer, schlechte Ernte

1880 Kälteschäden, wenig, aber gut

1881 mittelmäßig, nicht viel

1882 kalt, naß, schlechte Ernte

1883 mittelmäßig, viel

1884 wenig, aber gut

1885 mittlere Qualität, wenig

1886 kalte Wintermonate, sehr gut, aber sehr wenig

1887 mäßige Qualität, nicht viel

1888 unreifer Jahrgang

1889 mittelmäßige Ernte

1890 sehr gute Ernte, mittelmäßige Qualität

1891 dito

1892 gut und ziemlich viel

1893 heiß und trocken, ausgezeichnete Qualität, viel Edelfäule

1894 naß, viel Rohfäule, wenig und nicht gut

1895 mittelmäßig und gut

1896 guter Ertrag, Mittelqualität

1897 gut, aber wenig

1898 viel Traubenkrankheit, wenig und mittlere Qualität

1899 dito

1900 schlechtes Frühjahr, wenig, aber gut

1901 schöner Sommer, mittelmäßige Qualität

1902 Maifröste, wenig und mittelmäßig

1903 starke Fröste im April, viel, mäßige Qualität

1904 heißer Sommer, sehr gut, reichliche Ernte

1905 wenig, aber gut

1906 starke Peronosporaschäden, geringe Ernte

1907 kalter Sommer, guter Herbst, mittelmäßig

1908 gute Qualität, mittlerer Ertrag

1909 regnerischer Sommer, Mittelqualität

1910 regnerischer Sommer und Herbst, Ernte klein

1911 sehr gutes Wetter, ausgezeichnete Qualität, »Kometenwein«

1912 sehr viel, aber mäßige Qualität

1913 kalter Sommer, wenig und gering

1914 Maifröste, geringe Qualität

1915 trockener, heißer Sommer, sehr gute Qualität

1916 naß, kleine Ernte und gering

1917 Frühjahrsfröste, sehr gute Qualität und reichlich

1918 verregneter Herbst, mittelgroße Qualität

1919 geringe Ernte und sauer

1920 sehr gute Qualität und viel

1921 hervorragender Jahrgang, hochwertige Spitzengewächse

1922 kalter Sommer, sehr viel, aber weniger gute Qualität

1923 wenig Fruchtansatz, geringe Ernte

1924 viel, aber mäßige Qualität

1925 gering

1926 Frühjahrsfröste, regnerischer Herbst, sehr wenig

1927 nasser Sommer, wenig und mäßig

1928 Herbstfrostschäden, mittelmäßige Qualität

1929 große Winterfrostschäden, heißer Sommer, mittelmäßiger Ertrag, aber gut

1930 große Quantität mittlerer Güte

1931 nasser Sommer, mittlere Güte, reichlich

1932 gut, aber wenig

1933 ausgezeichneter Jahrgang

1934 sonniges Jahr, sehr gut und viel

1935 gut und viel

1936 reichliche Ernte, aber weniger gut

1937 vorzügliche Qualität

1938 gute Ernte, mittlere Güte, dabei vorzügliche Spitzenweine

1939 mittelmäßig

1940 reiche Ernte, mittelmäßige Qualität

1941 mittelmäßig

1942 mittlere Güte

1943 gut und reichlich

1944 mittelmäßige Ernte

1945 Maifröste, sehr geringe Ernte durch Kriegsereignisse, Qualität sehr gut

1946 mittlere Ernte, gut

1947 reichlich und sehr gut

1948 viel und mittlere Qualität

1949 vorzügliche Qualität, mittlerer Ertrag

1950 mittelmäßig

1951 reichlich, aber weniger gut

1952 guter Durchschnittsjahrgang

1953 sehr guter Jahrgang, hervorragende Spitzengewächse

1954 reichlich, mäßige Qualität

1955 mittelmäßig

1956 mittlere Qualität, kleine Ernte

1957 sehr starke Frostschäden, geringer Ertrag, gute Qualität

1958 gut, mittelmäßig

1959 hervorragender Jahrhundertwein

1960 mittelmäßige Qualität

1961 kleine Menge, Qualität mittelmäßig

1962 gute Qualität, mittlerer Ertrag

1963 nach Menge und Qualität mittlerer Jahrgang, gute Silvanerweine

1964 hohe Erträge, gute und lagerfähige Weine, schlechte Preise

1965 geringster Jahrgang der letzten Jahrzehnte, sehr hohe Säure

1966 reife, extraktreiche Weine, harmonische Säure

1967 durch Edelfäulepilz (Botrytis) Auslesen und Beerenauslesen, Rekordmengen (nur) beim Silvaner

1968 nasser Sommer, geringe Mostgewichte, mittlerer Ertrag

1969 reintönige, fruchtige Weine, gute Mostgewichte

1970 Rekordernte wie 1960, leichte und süffige Weine

1971 »Jahrhundertwein«, erstmalig amtlich geprüft, hoher Anteil an Prädikatswein

1972 kernige, säurebetonte »Zechweine«, wenig Prädikate, betonter Sortencharakter

1973 erneut Rekordernte, viel Kabinettwein, »Eisweinjahr« (bis fast 300 Grad Oechsle)

1974 Durchschnittsherbst, schwankende Erträge in einzelnen Weinbaugebieten

1975 Normalernte, hohe Traubenfäulnis, extraktreiche Weine mit typischem Jahrgangston

1976 hervorragendes Weinjahr, dem berühmten 1921er ähnlich, fast nur Prädikatsweine, elegant und reif

1977 sehr hohe Erträge, durchschnittliche Qualität, frische, anregende Weine

1978 langer, trockener Herbst ergab »Überraschungsjahrgang«, aber unterschiedliche Erntemengen, frische Weine

1979 »Riesling-Jahrgang«, geringe Erträge durch Frostschäden, lagerfähige Spitzenweine

1980 äußerst geringer Ertrag bei mittlerer Qualität

1981 kräftige Qualitäts- und Kabinettweine mit reifer Säure

1982 größte Weinernte aller Zeiten (Lagerprobleme), frische Kneipweine, wenig Spätlesen

1983 überdurchschnittliche Qualität, vor allem bei spätreifenden Rebsorten und Neuzüchtungen, große Menge

1984 geringe Erntemenge, nach ungünstigem Vegetationsverlauf wenig Prädikate, frische Qualitätsweine

1985 lagerfähiger, zufriedenstellender Jahrgang, Mengeneinbußen durch Hagel und Frost

1986 guter Ertrag, geringe Weinsäure, mäßige Qualität

1987 Schoppenweine hochwertiger Qualität, besonders bei Kerner und Riesling

1988 reife, harmonische Weine, überdurchschnittlich viele Spätlesen

1989 bester Jahrgang des Jahrzehnts trotz hoher Erträge, 80 % Prädikatsweine

1990 Schäden durch Spätfröste und Hagel, aber Spitzenqualitäten

1991 trotz trockenem Sommer teilweise gute Qualitäten

1992 nach 1982 zweitgrößte Ernte, reifer Jahrgang mit genügend Säure (Haltbarkeit)

1993 überdurchschnittliche Qualität, mittlere Menge und niedrige Säurewerte nach heißen Monaten

1994 guter Jahrgang, große Menge, viele Trocken- und Beerenauslesen, lange haltbar

1995 säurebetonter, nach Menge kleiner Jahrgang (Regen im September), spätreifende Sorten günstiger

1996 kleine Erntemenge, durch »goldenen Oktober« noch überraschend hohe Mostgewichte, ausgeprägtes Sortenaroma

1997 erneut knapper Jahrgang (Frühjahrsfröste), sehr gute Qualität, Prädikatsweine

WEINBEGRIFFE VON A BIS Z

Wenn man eine Weinpreisliste oder das Etikett der Wein-
flasche liest oder sich in geselliger Runde zum Gespräch
beim Wein trifft, dann tauchen immer wieder bestimmte
Begriffe auf. Dem Fachmann und Weinkenner sind sie
meistens vertraut. Aber nicht jeder, der Wein trinkt oder
ein Weinbuch wie dieses liest, hat genaue Vorstellungen
von ihrer Bedeutung. Einige besonders oft anzutreffende
Begriffe werden hier kurz erläutert.

Abfüller. Auf dem Etikett anzugeben, weil er in besonderem Maße für die Beschaffenheit eines Weines mit-
verantwortlich ist. Die Angabe kann mit Firmennamen,
Firmensitz und geschäftlichem Stand (z. B. »Weinkelle-
rei«) oder durch Kennziffer (codiert) erfolgen. Unter bestimmten Voraussetzungen sind die Angaben »Erzeugerabfüllung« (s. u.) oder »Gutsabfüllung« zulässig.

Alkoholgehalt. Der natürliche Alkoholgehalt (das
Mostgewicht der Trauben) ist Ausdruck des Reifesta-
diums. Gesetzliche Mindestalkoholgehalte geben eine
Mindest-Gütegarantie. Der evtl. nach (erlaubter) Erhöhung tatsächlich vorhandene Alkoholgehalt des Weines in der Flasche ist auf dem Etikett in Volumprozent
anzugeben (z. B. »Alk. 11% vol.«).

Amtliche Prüfungsnummer, abgekürzt: A. P. Nr. (meistens auch so auf dem Etikett). Wird von der Qualitäts-
prüfbehörde einem Wein, der den gesetzlichen Anforderungen an die beantragte Qualitätsgruppe oder an
das Prädikat entspricht, zugeteilt. Grundsätzlich darf ein
Qualitätswein erst dann vermarktet werden. Die A. P. Nr.

ist eine Art »Paß« und ermöglicht die Identitätskontrolle. Sie muß daher angegeben werden. Die A. P. Nr. beginnt mit der Kennziffer der Prüfstelle und endet mit dem Kalenderjahr der Antragstellung.

Anbaugebiet. Ein Qualitätswein stammt aus einem »bestimmten Anbaugebiet« (abgekürzt: b. A.), das genau abgegrenzt ist. In Deutschland gibt es dreizehn Anbaugebiete: Ahr, Baden, Franken, Hessische Bergstraße, Mittelrhein, Mosel-Saar-Ruwer, Nahe, Pfalz, Rheingau, Rheinhessen, Saale-Unstrut, Sachsen, Württemberg. Der Name des Anbaugebietes, in dem die Trauben geerntet wurden, muß auf dem Etikett stehen.

Anreicherung. In engen Grenzen erlaubte kellertechnische Maßnahme der Verbesserung von Most oder Wein, der in bestimmten Jahren infolge ungünstiger Witterung naturbedingte Mängel aufweist (zu wenig Zucker, zu viel Säure). Mittel der Anreicherung sind die Zugabe von Saccharose (sog. »Zuckerung«; s. u.), konzentriertem Traubenmost und rektifiziertem Traubenmostkonzentrat. Weine werden dadurch genußfähig, verkäuflich und Winzerexistenzen erhalten.

Auslese. Für einen Qualitätswein mit diesem Prädikat sind nur vollreife Trauben unter Aussonderung aller kranken und unreifen Beeren verwendet worden. Mindestmostgewichte sind nach Anbaugebiet und Rebsorten abgestuft. Der Wein darf nicht angereichert sein.

Auszeichnungen. Dürfen nur von bestimmten amtlichen oder amtlich zugelassenen Gremien verliehen werden. Beispiele: Kammerpreismünzen bei der Landesprämierung, Deutsches Weinsiegel und Preise in Bronze, Silber und Gold der Deutschen Landwirtschaftgesellschaft (DLG) bei der Bundesprämierung sowie Selek-

tionsweine in Rheinhessen und Baden, TOP Rheingau
u. a.

Barrique. Von frz. »barrique«, Faß. Die Lagerung von
Wein und kleinen Eichenfässern (max. 350 l) zur Erzie-
lung eines bestimmten Holzton-Geschmacks (Gerbstoff
und Geschmackskomponenten aus dem Faßholz) hat
auch in Deutschland Liebhaber gefunden. Er paßt aber
nur zu bestimmten Rotweinen. Seine Verbreitung entspricht eher einem Modetrend.

Beerenauslese. Prädikat für Qualitätswein mit be-
stimmtem Mindestalkoholgehalt, der aus edelfaulen oder
wenigstens überreifen Beeren gewonnen ist.

Deutsches Weinsiegel, s. o. zu »Auszeichnungen«. Güte-
siegel für gehobene Weine, von der DLG verliehen.
Medaillenartiger Aufkleber auf der Weinflasche: gelb
für trockene, grün für halbtrockene, rot für liebliche und
süße Weine (s. »Geschmacksangaben«). Prüfung nach
5-Punkte-System, durch die Weinsiegel-Kommissionen
der Anbaugebiete, die Einzelheiten sind ausführlich geregelt.

Eiswein. Spezieller Qualitätswein mit diesem Prädikat.
Die verwendeten Trauben müssen bei Lese und Kelterung gefroren sein (um −5 °C). Das Wasser der Beeren-
zellen friert aus, der Beerensaft wird konzentriert und
das Mostgewicht (natürlicher Alkoholgehalt) erhöht. Eiswein ist eine teure Rarität, da er mit hohem Risiko (un-
erwünschter »Frostgeschmack« bei vorzeitigem Auftau-
en) und geringer Ausbeute erzeugt wird.

Erzeugerabfüllung. Der mit dieser Angabe auf dem
Etikett genannte Winzer hat die Trauben selbst geerntet,
zu Wein verarbeitet und diesen selbst abgefüllt. An sich
wertneutrale Angabe, nach Weinskandalen vom Ver-

braucher aber als eine Art Garantiehinweis verstanden. Unter zusätzlichen Voraussetzungen darf statt dessen die Angabe »Gutsabfüllung« verwendet werden.

Etikett. Es ist die »Visitenkarte des Weines«: Soll den Weintrinker informieren und durch graphische Gestaltung ansprechen. Vorgeschriebener Mindestinhalt: Qualitätsstufe (»Qualitätswein« oder »Qualitätswein mit Prädikat« in Verbindung mit dem Prädikat selbst, z. B. »Kabinett«); Name des bestimmten Anbaugebietes (s. o., z. B. »Rheinhessen«); bei Angabe der Weinlage zusätzlich der Gemeindename (z. B. »Winkeler Hasensprung«); amtliche Prüfungsnummer (s. o.); bei Roséwein oder Weißherbst sowie Rotling und Perlwein die Weinart (s. u.); das Nennvolumen (in der Regel 0,75 l); der Alkoholgehalt (s. o.); der Abfüller (s. o.). Nicht vorgeschrieben, aber erlaubt und üblich sind u. a. Angaben über Jahrgang, Rebsorte, Geschmack, Restzucker (s. u. zu diesen Angaben), Auszeichnungen (s. o.), Informationen zur Geschichte des Weines oder zu den natürlichen Weinbaubedingungen.

Geschmacksangaben sind freigestellt, besonders auf Preislisten neben der Angabe von Alkohol und Säure, aber fast immer vorhanden. Es gibt gesetzlich umschriebene und nur der sensorischen Einschätzung unterliegende Geschmacksangaben: »Trocken« – höchstens 4 g/l Restzucker (»klassisch trocken«) oder höchstens 9 g/l Restzucker, wenn die Weinsäure höchstens 2 g/l niedriger ist (z. B.: bei 8 g/l Restzucker darf der Säuregehalt 6 g/l nicht unterschreiten). Trockene Weine sind immer als solche bezeichnet. »Halbtrocken« – über 9 g/l und höchstens 12 g/l Restzucker oder höchstens 18 g/l Restzucker, wenn die Weinsäure höchstens 10 g/l niedriger ist. »Lieblich« – Restzucker über 18 g/l und höchstens 45 g/l. »Süß« – mindestens 45 g/l Restzucker. Die Angaben »lieblich« und »süß« sind auf Etiketten kaum anzutreffen, häufiger auf Preislisten. Beschreibende Geschmacksangaben wie »feinherb«, »würzig«, »fruchtig« usw. sind inzwischen auch erlaubt, werden aber selten benutzt. Sie müssen geschmacklich jederzeit zutreffen (Veränderung durch Alterung, dann unzulässig).

Jahrgang. Jedes Jahr bringt unterschiedliche Weine (s. die Liste der Weinjahrgänge S. 132 ff.). Für die Frage nach der Haltbarkeit ist es wichtig, die charakteristischen Eigenschaften zu kennen. Der Jahrgang muß auf dem Etikett nicht angegeben werden, ist bei deutschen Qualitätsweinen aber allgemein üblich. Bei säurereichen Jahrgängen erfolgt oft ein Verschnitt mit anderen Jahrgängen. Nur ein einziger Jahrgang darf auf dem Etikett stehen, mindestens 85 % des Weines müssen aus diesem stammen.

Kabinett. Damit beginnen die »Qualitätsweine mit Prädikat«. Der Wein darf nicht angereichert sein, muß einen bestimmten Mindestalkoholgehalt haben und weitere Anforderungen erfüllen. Der Name kommt von »Cabinet« (frühere Schreibweise auch bei Wein), dem kleinen, abgetrennten Keller mit Raritäten, der im Rheingau dem Fürstabt von Fulda unterstand. Später Gütezeichen eines Erzeugers für seine besten Naturweine, heute Prädikatsangabe.

Lage. Abgegrenzte Rebfläche, mit amtlichem Namen versehen, in die Weinbergsrolle eingetragen. Die Lage kann in einer Weinbaugemeinde gelegen (Einzellage) oder die Zusammenfassung mehrerer solcher Lagen (Großlage) sein.

Die Lage ist die kleinste geographische Einheit des Weinrechts. Der Lagename wird – ohne Verpflichtung – meistens auf dem Etikett angegeben (85 % des Weines müssen dann von diesen Flächen stammen). Dann muß auch der Gemeindename hinzugefügt werden.

Landwein. Ein gehobener Tafelwein (s. u.) an der Grenze zum Qualitätswein mit landschaftstypischem Charakter (frz. »vin de pays«). Als einfacher, täglicher Zechwein gedacht, aber von geringer Marktbedeutung. Anzugeben ist das »Landweingebiet« (z. B. »Rheinischer Landwein«). Lage- und Gemeindenamen sind nicht erlaubt.

Markenwein wird meistens in Weinkellereien durch Verschnitt (s. u.) hergestellt und in vom Kunden gewünschter gleichbleibender Qualität und Geschmacksrichtung unter Betriebs- oder Phantasienamen verkauft. Markenweine sind an sich nicht geringerwertig und vor allem für den weniger weinkundigen Verbraucher geeignet (»Wein wie gehabt«). Ihr Marktanteil hat zugenommen.

Qualitätsprüfung. Deutscher Wein darf nur mit einer Amtlichen Prüfungsnummer (s. o.) als »Qualitätswein« oder »Qualitätswein mit Prädikat« vermarktet werden. Die Prüfung, ob die gesetzlichen Anforderungen erfüllt sind, nimmt eine staatliche Stelle vor. Die für ein Anbaugebiet zuständige Prüfbehörde wertet analytisch und sensorisch. Gegen Ablehnung eines Weines kann geklagt werden. Die Qualitätsprüfung ist Ausdruck des Grundsatzes der »Qualität im Glase« (weil die Herkunft allein keine Güte garantieren kann).

Qualitätswein. Weingruppe oberhalb des Tafelweines (s. u.). Die Qualitätswein-Verordnung der EU und deutsches Recht nennen die Anforderungen. Zusätzliche Bestimmungen gelten für »Qualitätswein mit Prädikat« (auch »Prädikatswein« genannt): Auslese, Beerenauslese, Eiswein, Kabinett, Spätlese, Trockenbeerenauslese (s. bei diesen Stichworten).

Rebsorten. Traditionelle Rebsorten und Neuzüchtungen (oft bukettreich) beeinflussen Qualität und Geschmack eines Weines. Sie werden auf Grund langjährig geprüfter Anbaueignung amtlich zugelassen (Rebsortenlisten). Aus anderen als diesen Rebsorten darf kein Wein hergestellt werden. Auf dem Etikett darf eine Rebsorte angegeben weden, wenn mindestens 85 % daraus stammen und die Art des Weines geschmacklich bestimmen. Auch (höchstens) zwei Rebsorten sind als Angabe erlaubt, wenn der Wein vollständig daraus hergestellt ist. Die beiden Rebsorten müssen nach ihrem Mengenanteil in absteigender Folge angegeben werden.

Restzucker. Identisch mit »Restsüße«: unvergorener, aus Weintrauben stammender Zucker im Wein. Er kann auf natürlichem Wege entstehen (Traubenmoste mit hohen Zuckergehalten vergären nur unvollständig: Auslesen, Beerenauslesen usw.), aber auch zugunsten bestimmter Geschmacksvorstellungen des Verbrauchers gezielt herbeigeführt werden (Zusatz von Traubenmost, sog. »Süßreserve«). Der Gehalt an Restzucker wird auf Etikett und Preisliste in g/l angegeben. Auch aus gesetzlichen Geschmacksangaben (s. o.) ergibt sich der maximale Restzuckergehalt. Die Art einer angegebenen Herkunft (z. B. Lage) darf durch den Restzucker nicht überdeckt sein.

Roséwein. Aus roten Trauben hergestellter Wein von blaß- bis hellroter Farbe. Die Weinart muß auf dem Etikett kenntlich gemacht werden (»Roséwein« oder »Rosé«). Ein spezieller Fall ist der Weißherbst (s. u.). Roséwein kann Tafelwein oder Qualitätswein sein.

Spätlese. Prädikat für einen Qualitätswein, der aus nach der allgemeinen Lese geernteten Trauben eines engeren geographischen Raumes (Bereich) stammt und spezielle Anforderungen erfüllt. Die längere Reifezeit bringt eine höhere Qualität mit sich (u. U. auch die Edelfäule und damit den sog. »Botrytiston« spät gelesener Trauben).

Tafelwein. Unterste Weingruppe mit speziellen Anforderungen an Rebsorten, Alkoholgehalt und önologische Behandlung. Auch »Landwein« (s. o.) ist ein – gehobener – Tafelwein. Die Angabe »Deutscher Tafelwein« muß auf dem Etikett stehen. Anstelle der dem Qualitätswein vorbehaltenen Namen der Anbaugebiete sind die Namen der Tafelweinbaugebiete und ihrer Untergebiete zulässig (z. B. »Rhein – Mosel«), engere geographische Bezeichnungen wie auch Auszeichnungen jedoch für Tafelwein verboten. Die wirtschaftliche Bedeutung des Tafelweines ist sehr gering.

Trockenbeerenauslese. Ein so bezeichneter Wein muß zusätzlich zu den Anforderungen für jeden Qualitätswein mit Prädikat ausschließlich aus weitgehend eingeschrumpften, edelfaulen Beeren bereitet sein. Solche Kreszenzen haben den Ruf von der Einmaligkeit deutscher Weißweine begründet.

Verschnitt. Vermischung von Traubenmost und Wein verschiedener Jahrgänge, Rebsorten und Herkünfte. Dient dem Ausgleich qualitativer Schwankungen auf natürlichste Weise (bei anderen Lebensmitteln sind »blends« ebenfalls üblich). Auch Markenwein (s. o.)

wird durch fachkundigen Verschnitt hergestellt. Bestimmte Verschnitte sind verboten (z.B. grundsätzlich, mit traditionell bedingten Ausnahmen – Rotling, Schillerwein –, von roten und weißen Erzeugnissen, ebenso von Tafel- und Qualitätswein). Verschnitte unterliegen Bezeichnungs-Einschränkungen. Für die Süßung mit Traubenmost (s. »Restzucker«) gelten Sonderbestimmungen.

Weinflasche. Außer der früher allein üblichen (braunen oder grünen) Schlegelflasche werden zunehmend ausländische (Burgund, Bordeaux) und speziell von Designern gestaltete Flaschenformen für deutschen Wein verwendet. Dies dient zwar nicht der Profilierung, ist aber nicht verboten, solange das Etikett über die wahre Herkunft klar Auskunft gibt. Für die Abfüllung von Wein werden überwiegend Flaschen mit einem Nennvolumen von 0,75 l (bis Ende 1991: 0,7 l) und 1,0 l verwendet.

Weingut. Vollerwerbsbetrieb mit eigener Betriebsstätte und ausreichender Lagerkapazität, bewirtschaftet von einem Winzer mit Fachausbildung. Die Angabe »Weingut« auf dem Etikett setzt voraus, daß der Wein ausschließlich aus Weinbergen des genannten Erzeugers stammt (kein Verschnitt mit zugekauften Erzeugnissen). Zur »Erzeugerabfüllung« siehe oben.

Weißherbst. Ein Roséwein, der den Anforderungen eines Qualitätsweines entspricht und ausschließlich durch Hellkelterung aus Trauben einer einzigen roten Rebsorte gewonnen ist. Bei »Hellkelterung« werden die Trauben sofort, ohne vorherige Angärung, gekeltert und nicht (wie sonst bei der Bereitung von Rotwein) »auf der Maische vergoren«. Die Rebsorte ist auf dem Etikett anzugeben (z. B. »Portugieser Weißherbst«). Weißherbst ist zu Fisch und im Sommer beliebt.

Zuckerung. Hauptfall der Anreicherung (s. o.). Nur unter engen Voraussetzungen und nur noch in trockener Form zulässig (Zucker darf nicht mehr in Wasser gelöst werden). Nach Vergärung von Saccharose enthält das Erzeugnis chemisch die gleichen Bestandteile, wie sie bei Vergärung von traubeneigenem Zucker entstehen. In den nördlichen Anbaugebieten ist Zuckerung eine oft unumgängliche Maßnahme, um natürliche Mängel fachgerecht auszugleichen (also keine »Panscherei«). Sie entspricht der Säuerung von Wein in südlichen Weinländern, wo die Säure als natürlicher und notwendiger Bestandteil oft gering ist. Qualitätsweine mit Prädikat dürfen nicht gezuckert sein.

TEXTNACHWEISE

Mit einem Sternchen versehene Titel* wurden vom Herausgeber formuliert oder sind den abgedruckten Texten entnommen.

16 »IM WEIN BIRGT SICH VIEL ...«
Georg Britting: Sämtliche Werke. Bd. 4: Gedichte 1940–1964. Hrsg. von Ingeborg Schuldt-Britting. München/Leipzig: List, 1996. S. 89. [Aus: Lob des Weines (Im Wein birgt sich viel).] – Mit Genehmigung von Ingeborg Schuldt-Britting, Höhenmoos.

19 »ES IST WAHR ...«
Richard Feynman, zit. nach: Gero von Randow: glück glück glück. Das Wunder des Geschmacks. In: Die Zeit. 27. Juni 1997. S. 36.

20 AUGUST HEINRICH HOFFMANN VON FALLERSLEBEN: HERR DURST.
A. H. H. v. F.: Gedichte und Lieder. Hrsg. von Hermann Wendebourg und Anneliese Gerbert. Hamburg: Hoffmann und Campe, 1974. S. 203.

21 HEINRICH HOFFMANN: EIN UNTERSCHIED.
H. H.: Gesammelte Gedichte, Zeichnungen und Karikaturen. Hrsg. von G. H. Herzog und Helmut Siefert unter Mitarb. von Marion Herzog-Hoinkis. Frankfurt a. M.: Insel Verlag, 1987. S. 180 f.

22 JOACHIM PERINET:
WER NIEMALS EINEN RAUSCH HAT G'HABT ...
J. P.: Musiktexte aus dem Neusonntagskinde nach dem Furchtsamen des weil. Herrn Hafner. Als Singspiel neu für das k. k. privil. Marinellische Theater bearbeitet. Dritte Auflage. Wien: Schmidt, 1794. S. 24.

24 WEINGENUSS UND TEMPERAMENTE*.
Allgemeine deutsche Real-Encyklopädie für die gebildeten Stände (Conversations-Lexikon). In zwölf Bänden. Bd. 11. Leipzig: Brockhaus, 1830. S. 406 f.

57 »BALD STIESSEN AUCH DAMEN ZUR SAUFKUMPANEI ...«
Gerhart Herrmann Mostar: Das kleine Buch vom großen Durst. Ein
Wein-, Weib- und Gesangbuch. Mit vielen Bildern von Kurt Halbrit-
ter. Bern/Stuttgart/Wien: Scherz Verlag, 1963. (Weltgeschehn durchs
Glas gesehn. 2.) S. 46. [Aus: Positive Beziehungen spätrömischer
Damen zum Wein.] – Mit Genehmigung von Michaela Lentz-Mostar,
Vence.

57 »WENN DER WEIN EIN KUNSTWERK IST ...«
Walther Kiaulehn: Rüdesheimer Fragmente. Mit Zeichnungen von
Fr. Bilek. Privatdr. Rüdesheim: Schultz Grünlack, 1949. S. 79 f.

62 FRANZ JOSEF DEGENHARDT: WEINTRINKER.
F. J. D.: Kommt an den Tisch unter Pflaumenbäumen. Alle Lieder
von Franz Josef Degenhardt. Mit Zeichn. von Gertrude Degenhardt.
[Vorw. von Heinz Ludwig Arnold.] München: Bertelsmann, 1979.
Nr. 12. – © 1995 Aufbau-Verlag, Berlin.

65 MARTIN HANKE: VON DER HERBST-ZEIT.
Benjamin Neukirchs Anthologie: Herrn von Hoffmannswaldau und
andrer Deutschen auserlesener und bißher ungedruckter Gedichte
anderer Theil. Nach dem Erstdr. vom Jahre 1697 mit einer krit. Einl.
und Lesarten. Hrsg. von Angelo George de Capua und Ernst Alfred
Philippson. Tübingen: Niemeyer, 1965. (Neudrucke deutscher Lite-
raturwerke. N. F. 16.) S. 319 f.

66 ANNETTE VON DROSTE-HÜLSHOFF: TRINKLIED.
A. v. D.-H.: Sämtliche Werke in zwei Bänden. Hrsg. von Günter Weydt
und Winfried Woesler. Bd. 2. München: Winkler, 1979. S. 117 f.

68 LI TAI-BO: DER PAVILLON VON PORZELLAN.
Klabund [d. i. Alfred Henschke]: Der himmlische Vagant. Eine Aus-
wahl aus dem Werk. Hrsg. und mit einem Vorw. von Marianne
Kesting. Köln: Kiepenheuer & Witsch, 1968. S. 553 f. – © 1968, 1978
Verlag Kiepenheuer & Witsch, Köln.

69 JÖRG RITZEL: IM WEIN.
Der lachende Rhein. Tausend Jahre rheinischen Humors in Wort
und Bild. Ges. und hrsg. von Jörg Ritzel. Köln: Hoursch & Bechstedt, 1928. S. 127.

71 HERMANN HESSE: DER SÜSSE GOTT*.
H. H.: Gesammelte Werke in zwölf Bänden. Bd. 1.: Stufen. Die späten Gedichte. Frühe Prosa. Peter Camenzind. Frankfurt a. M.: Suhrkamp, 1970. (werkausgabe edition suhrkamp.) S. 402 f. [Aus: Peter Camenzind.] – © 1970 Suhrkamp Verlag Frankfurt am Main.

73 »WENN DER WEIN ...«
Charles Baudelaire: Die künstlichen Paradiese. Tagebücher. Übers. von Max Bruns als der zweite Band von Charles Baudelaires Werken in deutscher Ausgabe. Minden: J. C. C. Bruns, 1901. S. 256 f.

75 WEIN ERFREUT LEIB UND SEELE*.
Die Bibel oder die ganze Heilige Schrift des Alten und Neuen Testaments nach der deutschen Übersetzung Martin Luthers. Jesaja 5,11 f. Jesus Sirach 31,32–40. 4. Mose 13,1f.20.23–27.

77 MAX BAUER: DER DURST DER MÖNCHE*.
M. B.: Der deutsche Durst. Methyologische Skizzen aus der deutschen Kulturgeschichte. Leipzig: Seemann, 1903. S. 340 f. – Mit Genehmigung der Dornier Medienholding GmbH, Berlin.

79 FRIEDRICH STOLTZE: KAPUZINERPREDIGT.
Fr. St.: Hochdeutsche Gedichte. Frankfurt a. M.: Keller, 1892. S. 354 f.

82 LUDWIG TIECK: EIN LEHRSTUHL FÜR DEN WEIN*.
L. T.: Werke in vier Bänden. Hrsg. sowie mit Nachw. und Anm. vers. von Marianne Thalmann. Bd. 3: Novellen. München: Winkler, 1965. S. 63, 65 f. [Aus: Die Gemälde.]

84 JOHANN WOLFGANG GOETHE: ... IM GRÜNLICHEN RÖMER*.
J. W. G.: Hermann und Dorothea. Nachw. von Paul Michael Lützeler. Stuttgart: Reclam, 1987. (Universal-Bibliothek. 55.) S. 8 f.

85 OSKAR MEYER-ELBING:
GOLDENE REGELN FÜR WEINSÄUGLINGE.
Der lachende Rhein. Tausend Jahre rheinischen Humors in Wort und Bild. Ges. und hrsg. von Jörg Ritzel. Köln: Hoursch & Bechstedt, 1928. S. 115.

88 TRINK-ART UND TRINK-MASS*.
Weinbeschreibung leicht gemacht. Von Weinfreunden für Weinfreunde. Hrsg. vom Collegium Vini, Gesellschaft zur Pflege deutscher Weinkultur e. V. Frankfurt a. M.: Collegium Vini, 1979. S. 28.

89 NIKOLAUS LENAU: ACH, WER MÖCHTE EINSAM TRINKEN ...
N. L.: Sämtliche Werke und Briefe in 6 Bänden. Hrsg. von Eduard Castle. Bd. 1: Gedichte. Leipzig: Insel-Verlag, 1910. S. 360. [Aus: Der einsame Trinker.]

99 METHODE, AN STATT DERER MINERALISCHEN WASSER, SICH DES RHEIN-WEINS ZU GEBRAUCHEN*.
Sentiment von Fürtrefflichkeit, Unterscheid, Nutzen und Wirckungen des Rhein-Weins, nebst einer Methode, wie selbiger in allen Kranckheiten, zum kräfftigsten Praeservativ, an statt warmer Bäder und Sauerbrunnen, zu gebrauchen sey: Und einem Anhange annoch unbekannter Wein-Künste. Magdeburg, bey Joachim Woltersdorff, Buchhändl. 1709. S. 32–35.

102 NICOLAI WORM: TÄGLICH WEIN*.
N. W.: Täglich Wein. Gesünder leben mit Wein und mediterraner Ernährung. 5. Aufl. Bern/Stuttgart: Hallwag, 1998. S. 91, 133. – © 1996 Hallwag AG, Bern.

104 WEIN AUF ÄRZTLICHE VERORDNUNG*.
Vermittelt durch Prof. Dr. Horst Kreiskott, Wachenheim.

106 FRIEDRICH VON HAGEDORN: WEIN UND LIEBE.
F. v. H.: Sämmtliche Poetische Werke. Leipzig: Reclam, 1880. (Universal-Bibliothek. 1321.) S. 168 f.

109 »ERGO BIBAMUS ...«
Georg Büchner: Woyzeck. Ein Fragment. Leonce und Lena. Lustspiel. Hrsg. und mit einem Nachw. vers. von Otto C. A. zur Nedden. Stuttgart: Reclam, 1952. (Universal-Bibliothek. 7733.) S. 49. [2. Akt, 2. Szene.]

109 »WEIN UND BEUTEL BLEIBEN ...«
Ernst Bloch: Das Prinzip Hoffnung. Kapitel 1–37. Frankfurt a. M.:

Suhrkamp, 1959. (Ernst Bloch: Gesamtausgabe. Bd. 5,1.) S. 38. – © 1959 Suhrkamp Verlag Frankfurt am Main.

110 GEORG BRITTING: LABSAL DES ALTERS.
G. B.: Sämtliche Werke. Bd. 4: Gedichte 1940–1964. Hrsg. von Ingeborg Schuldt-Britting. München/Leipzig: List, 1996. S. 124. [Aus: Lob des Weines.] – Mit Genehmigung von Ingeborg Schuldt-Britting, Höhenmoos.

111 HANS-JÖRG KOCH: … LINDERT DAS ALTERSZIPPERLEIN.
Originalbeitrag.

117 BERLINER WEIN-KARTE.
Adolf Brennglas [d. i. Adolf Glaßbrenner]: Berliner Volksleben. Ausgewähltes und Neues. Mit Ill. von Theodor Hosemann. Bd. 3. Leipzig: Engelmann, 1851. S. 271–273.

122 IRMGARD KOCH: REZEPTE MIT WEIN.
Originalbeitrag.

132 DIE WEINJAHRGÄNGE SEIT 1660.
1660–1962 Weingut Ress, Hattenheim i. Rheingau, mit freundlicher Genehmigung; Fortsetzung 1963–1997 Hans-Jörg Koch: bis 1993 nach seinem Buch »Einkehr beim Rheinhessenwein«, Alzey: Verlag der Rheinhessischen Druckwerkstätte, ³1995, und 1994–1997 mit freundlicher Unterstützung durch Deutsches Weininstitut sowie Rheinhessenwein e. V., beide Mainz.

141 WEINBEGRIFFE VON A BIS Z.
Zusammengestellt und erläutert von Hans-Jörg Koch.

BILDNACHWEISE

11 Colore, Odore, Sapore. Skizze in Stahl von Fritz Kühn (Wein-
sammlung Hellmuth Rauner, Radebeul). – Mit Genehmigung
von Achim Kühn, Berlin.

13 Der Fuchs und die Trauben. Holzschnitt aus dem Ulmer Äsop
von 1476.

17 Barttraube. Kupferstich von Johann Hogenberg (?), 1602
(Speyer, Historisches Museum der Pfalz).

23 Holzschnitt von Eugène Noack aus: Saisons d'Alsace. Straßburg
1952. Nr. 3.

26 Illustration von Carl Zander aus: Das Wein-Turnier. Ein Zech-
brevier von C. Kohlis-Kyffhausen. Buchschmuck von C. Z. Berlin 1907.

33 Lukas Cranach (?): Madonna in der Weinlaube, um 1525 (Melk,
Benediktinerstift).

37 Der Weinnarr. Kupferstich von Lucas van Leyden, 1523 (Amster-
dam, Rijksmuseum).

41 Bei der Weinlese. Niederländischer Wandteppich, Anfang
16. Jahrhundert (Ausschnitt; Paris, Musée des Thermes de
Cluny).

49 Flaschenetikett (»Hex vom Dasenstein«) der Winzergenossen-
schaft Kappelrodeck, Baden, von Tomi Ungerer, 1996. – Mit Genehmigung von Martin Bruder, Kappelrodeck.

56 Franz Stuck: In vino veritas; Öl auf Holz (Berlin, National-
galerie).

64 Kristallkaraffe mit Weißwein. Ausschnitt aus dem Isenheimer Altar von Mathias Grünewald, um 1514 (Colmar, Musée d'Unter-
linden).

74 Noah, der erste Weingärtner. Sechseckrelief am Campanile des
Doms von Florenz aus der Werkstatt des Andrea Pisano, um
1340 (Florenz, Museo dell'Opera del Duomo).

Umschlagvorderseite: Franz Theobald Horny: Rebzweig mit weißer Traube, 1817. – Umschlagrückseite: Guido Reni: Trinkender Bacchusknabe, um 1623.

Der Verlag Philipp Reclam jun. dankt für die Nachdruck- und Reproduktionsgenehmigung den Rechteinhabern, die durch den Text- bzw. Bildnachweis und einen folgenden Genehmigungs- oder Copyrightvermerk bezeichnet sind. In einigen Fällen waren die Inhaber der Rechte nicht festzustellen. Hier ist der Verlag bereit, nach Anforderung rechtmäßige Ansprüche abzugelten.